SEÑALES DE SU VENIDA

YIYE AVILA

EDITORIAL
UNILIT

Publicado por
Editorial **Unilit**
Miami, Fl. U.S.A
Derechos reservados

Primera edición 1993 (Editoral Unilit)

Derechos de Autor © 1989 Yiye Avila
Todos los derechos reservados. Este libro o porciones
no puede ser reproducido sin el permiso de los editores.

Citas bíblicas tomadas de Reina Valera, (RV) revisión 1960
© Sociedades Bíblicas Unidas
Usada con permiso.

Cubierta diseñada por: Gary Cameron
Fotografía: David Ecklebarger

Producto 550035
ISBN 1-56063-433-2
Impreso en Colombia

Printed in Colombia

CONTENIDO

INTRODUCCION

V ivimos días postreros y decisivos para toda la humanidad. Los sucesos actuales en el clima político, económico, religioso y social son acontecimientos proféticos importantes que, además de culminar miles de años de expectación y cientos de profecías, nos llevan paulatinamente a los eventos del TIEMPO DEL FIN. Es necesario que en tales circunstancias, el creyente reaccione escudriñando la Biblia a fin de hallar lo que ella tenga que decir con respecto a los grandes acontecimientos que sobrevendrán a este mundo.

¿Cuáles son los eventos a suceder? Lo primero que ocurrirá es el RAPTO DE LA IGLESIA. Es el evento inminente que estamos esperando. La Biblia nos ofrece un relato sin igual de este evento maravilloso, así como también de las terribles catástrofes y destrucciones que ocurrirán *después* del arrebatamiento. Muy pronto *sonará la trompeta* y nosotros seremos *transformados y trasladados* por el poder del Espíritu Santo. Esto sucederá en apenas un segundo y nuestro cuerpo natural será transformado en *cuerpo de gloria,* semejante al que ahora mismo tiene el Señor Jesucristo (1 Corintios 15:51, Filipenses 3:20-21).

En ese cuerpo y arrebatados en nubes, seremos levantados hacia el aire al encuentro con el Señor. Cristo vendrá descendiendo del cielo hacia la tierra y nosotros subiremos de la tierra hacia el cielo. Habrá un encuentro glorioso en lo alto, y El mismo nos guiará hasta el *trono del Padre* (1 Tesalonicenses 4:15-18). Por lo tanto, si las profecías antiguas se han cumplido a cabalidad, podemos estar seguros de que los importantes sucesos que ocurrirán *antes* y *después* de la segunda venida de Jesucristo, se cumplirán también en forma literal. Aleluya.

En este libro de profecía estaremos estudiando varias de las *señales* principales de la segunda venida de Jesucristo. Sin embargo, antes de comenzar a discutir las señales de su venida, hay algo muy importante que el apóstol Pablo dijo, y que cada creyente en Jesucristo tiene que tener en mente en esta época tan final, difícil y peligrosa en que vivimos. En 1 Tesalonicenses 5, el apóstol Pablo dijo:

> *"Mas vosotros, hermanos, no estáis en tinieblas, para que aquel día os sorprenda como ladrón. Porque todos vosotros sois hijos de luz e hijos del día; no somos de la noche ni de las tinieblas".*

Pablo nos da una voz de esperanza y de bendición, cuando nos asegura, que ese *día* que viene, no nos sorprenderá como ladrón. Pues está hablando a *vosotros hermanos*, al pueblo escogido de Dios. Se refiere a gente convertida de todo corazón, a los fieles creyentes en Jesucristo. El no le está hablando al pueblo inconverso. Ese pueblo inconverso recibirá un terrible impacto, que los dejará anonadados, cuando ocurra el evento glorioso del RAPTO, en el cual miles desaparecerán. Tampoco está hablándole a evangélicos tibios y mundanos e incrédulos hasta la saciedad. El apóstol está hablando a los *hermanos*, a la Iglesia, al cuerpo de Jesucristo, que cree a Dios y en todo lo que está en la Biblia.

¿Por qué no nos sorprenderá *ese día* como ladrón? Lo que vamos a estudiar ahora nos mostrará el panorama profético en relación a muchos eventos que se están desarrollando ahora por todo el mundo, y que están escritos en la Biblia, sobre el RAPTO que viene. Todo está claro en la Biblia, como lámpara encendida para que estemos conscientes del tiempo de Su venida (2 Pedro 1:19). Cristo dijo que del día y la hora nadie sabe, pero dejó en las Escrituras multitud de SEÑALES para que pudiéramos reconocer el tiempo cuando El estaría a punto de regresar (Mateo 24:36-39). Estas señales nos advertirían para que *ese día* que viene nos encuentre preparados y no nos sorprenda como ladrón.

Oramos diariamente, para que como resultado de la lectura de este libro, multitud de vidas sean revolucionadas y reciban el impacto del Espíritu Santo, entendiendo que todas las señales para el retorno de Cristo, están cumplidas, y ¡busquemos al Señor de todo corazón! Aleluya.

Este libro, para la gloria de Dios, no solo impartirá conocimiento detallado sobre la pronta venida de Cristo, sino también en voz de alerta para esta generación, para que a tiempo la humanidad perdida se arrepienta y se torne a Cristo y escapen de la ira que vendrá. Es tiempo final. *Pronto* será tarde para la humanidad, pero suya es la victoria por la fe en el Dios que prometió y por la obediencia a Su Palabra.

Damos la gloria a Dios por la guianza de su Santo Espíritu, y por los escritos de otros siervos de Dios que han sido factores decisivos en la producción de este libro. Oramos para que este sea una joya de valor incalculable para la victoria espiritual de cada hermano. Damos a Dios y sólo a El, la gloria por ese nuevo logro del ministerio. Cristo viene para bendición de la Iglesia del Señor. Amén.

CAPITULO 1

LOS REYES DEL ORIENTE

U na de las *señales* específicas, que nos muestra la Biblia sobre la segunda venida de nuestro Señor Jesucristo, se encuentra en el capítulo 16 de Apocalipsis. El apóstol Juan dice:

> *"El sexto ángel derramó su copa sobre el gran río Eufrates; y el agua de éste se secó, para que estuviese preparado el camino a los reyes del oriente".*

Apocalipsis 16:12

Esta profecía nos indica, que después que la sexta copa de la ira de Dios es derramada, el Eufrates se secará para preparar el camino a los "reyes del Oriente". Pero, ¿para qué se les prepara el camino? Al leer en los próximos versos veremos que viene la Tercera Guerra Mundial, la batalla de Armagedón. Para que los "reyes del Oriente" puedan entrar en Israel, que será el epicentro de esa guerra mundial terrible, Dios va a secar el gran río Eufrates. Entonces podrá este ejército, procedente del oriente, pasar en seco por el lecho del río, hacia el interior del territorio de los judíos, para esa última gran batalla que conmoverá la historia. (Apocalipsis 16:12). Sea bendito el Señor.

Los profetas han descrito "Armagedón" como la batalla final donde grandes ejércitos procedentes del sur, que representarán a las naciones Arabes, Africa y Egipto; del norte, que representarán a Rusia y sus aliados; del occidente, que representarán a Europa, descenderán sobre Israel (Daniel 11:44). Coronando esta lucha, descenderán del este, millones de hombres del oriente, los cuales cruzarán el gran río Eufrates, para tomar parte en esta guerra desatada alrededor de Israel,

A lo largo de la historia el río Eufrates se ha identificado como la antigua frontera entre el este (oriente) y el oeste (occidente). Además, ha sido siempre de gran importancia en las Escrituras, pues define, junto al río de Egipto, los límites geográficos específicos de la Tierra Prometida (Génesis 15:18-21; Josué 1:4). Se extiende por una distancia de 2,900 kilómetros y es sumamente difícil, a veces hasta imposible de cruzar en cualquier parte, y en cualquier tiempo. Mide entre 300 a 1,200 metros de ancho y entre cuatro a diez metros de profundidad. Por esto, ha sido una barrera formidable a las actividades militares contra Israel.

Sin embargo, en la invasión futura, Dios mismo se encargará de que el río se seque para que este ejército pueda cruzar rápidamente la antigua barrera entre el este y el oeste. Es decir que este ejército será un gigantesco movimiento de hombres que atravesará el continente asiático. Su marcha hacia Israel será impresionante, pues será un terrible ejército marchando a la guerra.

La visión del apóstol Juan, en el siglo primero, nos revela claramente que estos "reyes del oriente", emplearán armas que lanzarán fuego, azufre y humo. Su visión nos da una clara descripción de las modernas armas de guerra de nuestro tiempo; misiles de agentes químicos y biológicos, así como los misiles nucleares. Aterradoras armas, que al ser disparadas arrojan fuego, sustancias derretidas y nubes radiactivas, trayendo la destrucción y muerte inminente de la vida humana. El cumplimiento de esta profecía será literal. Veamos:

AL ESTE DE ISRAEL

Lo interesante de esta profecía es que el oriente de Israel, cuando terminó la Segunda Guerra Mundial, lo menos que había era alguna potencia de renombre. Todos esos países quedaron arruinados a causa de esta guerra. No existía ni un solo país que se pudiera nombrar como una gran potencia, listo para entrar en la Tercera Guerra Mundial. Esto sucedió en la década del cuarenta. Luego pasó la década del cincuenta, sesenta, setenta, y es entonces cuando empezaron a aparecer esos "reyes del oriente" profetizado en Apocalipsis 16:12.

Al este de Israel está la China Roja, la cual es ahora una de las naciones más poderosas militarmente hablando. Además al oriente que es el este está el Japón, que se ha levantado como un gigante, económica y políticamente. Son dos destacadas potencias ahí, ahora mismo, mostrándose que estamos en los días de los "reyes del oriente". En los días en que Dios va a secar el gran río Eufrates; en los días en que va a estallar la Tercera Guerra Mundial.

LA CHINA ROJA

La China ocupa un lugar trascendental y aterrador, en el cuadro que presentan las profecías bíblicas, con respecto a los últimos días. Por muchos años ha sido la nación más populosa del mundo, y bajo el comunismo, ha tenido un renacimiento militar extraordinario. En la actualidad, los chinos han expresado que ellos pueden enviar a la guerra un ejército compuesto por ¡200 millones de soldados! Sólo la China puede tener un ejército tan grande.

EL CAMINO DE CHINA HACIA EL ARMAGEDON

Otro detalle importante que se relaciona con este ejército oriental, es que en 1978, la carretera de Karakorum, que se extiende desde la provincia de Sinkiang en China hasta

11

Pakistán, cruzando las enormes montañas Himalayas, fue completada. Las fronteras de cinco países: Pakistán, Afganistán, China, India y la Unión Soviética convergen en esta super carretera. Es interesante notar que una sección de la carretera pasa por Afganistán e Irán a Irak donde el río Eufrates corre desde Turquía hacia el golfo Pérsico. Hoy día, este es el único camino que China tiene hacia Pakistán, y a toda esa área. Es decir, que la terminación de esta carretera es parte de la preparación del camino para que "los reyes del oriente" (como está profetizado en Apocalipsis 16:12) puedan cruzar el río Eufrates para la gran batalla de *Armagedón*.

Además, China ha llegado a ser una de las grandes potencias nucleares del mundo. Después de haber probado una bomba atómica muy rudimentaria, y de detonar una bomba de hidrógeno durante la década del setenta, los chinos produjeron equipos de alta tecnología y misiles nucleares capaces de llevar cabezas atómicas sobre la mayor parte de Asia y algunas partes de Europa. Sin duda, ¡la profecía bíblica es la infalible e inspirada Palabra de Dios, que permanece eternamente! Muy pronto, tal como el apóstol Juan predijo, la China sola, tendrá la capacidad para destruir la tercera parte de la población mundial.

JAPON CONSTRUYE SUS DEFENSAS

Por otra parte Japón ha sido durante medio siglo una potencia dominante en el oriente. Su increíble crecimiento después de la Segunda Guerra Mundial, resultó de una resolución nacional de reconstruir su devastada economía. Hoy se ha convertido económicamente en una de las naciones más poderosas del mundo; moviéndose activamente a nivel internacional de acuerdo con su fuerza financiera.

Hace unos cuantos años nada más, era prácticamente impensable la reconstrucción militar de Japón. Su propia constitución les prohibía tener fuerzas armadas de mar, tierra y aire. Por lo que el presupuesto de defensa de Japón debía permanecer por debajo de uno por ciento del producto nacional bruto. Pero debido a que la flota soviética del Pacífico estacionada en el Mar de Japón, ha aumentado en más de cincuenta por ciento su tonelaje, y han fortalecido, y ubicado también una división de tropas en las cuatro islas norteñas (que fueron reclamadas a Japón al finalizar la Segunda Guerra Mundial) Japón está encaminándose cautelosamente hacia una posición más abarcadora en lo militar.

Alentados por Norteamérica y sus aliados, para que se rearme lo antes posible en la batalla contra la amenaza del comunismo, Japón ha modernizado y aumentado la capacidad de su fuerza militar, como no lo había hecho desde la Segunda Guerra Mundial. ¿Qué significa todo esto? ... Sólo una cosa es evidente. La profecía indica que hacia el tiempo del fin, habrá un reforzamiento de los "reyes del oriente". Las fuerzas defensivas del Japón son ya verdaderamente formidables. Los japoneses han eliminado su límite autoimpuesto de uno por ciento de su producto nacional bruto para gastos de defensa, y su presupuesto militar actual sobrepasa los diez mil millones de dólares. Además para 1990, cuando su cuerpo de defensa, constituido por 155 mil hombres, alcance el tamaño autorizado de 180 mil, será mayor que los ejércitos de Inglaterra, Francia y Alemania Federal. Y, debido a la alta tecnología de que disponen, sus armas son una de las más adelantadas del mundo.

JAPON ASPIRA A UNA ALIANZA DEFENSIVA CON CHINA

Los japoneses afirman que la Unión Soviética es su preocupación militar número uno. El Japón se siente amenazado, ya que la Unión Soviética ha aumentado enormemente su armada en el Pacífico, y sus fuerzas aéreas situadas en la Siberia oriental. Por lo que el Japón, se esfuerza en lograr una alianza defensiva con China. Esta a su vez, favorece y se muestra muy interesada en esta alianza que aumentaría la fuerza defensiva de la región frente a los soviéticos.

Paso por paso, vemos cómo los "reyes del oriente" empiezan realmente a formarse y se va preparando ahora esta unión apocalíptica. Además, al ver que Japón y China establecen una relación cada vez más estrecha con América y Europa, podemos ver como la Segunda Venida del Señor está a las puertas.

Quiere decir, que estos acontecimientos son una voz de alerta para toda la humanidad, de que pronto algo va a suceder. Se secará el río y esas potencias pasarán a la Tercera Guerra Mundial, en el territorio de Israel. Bendito el nombre de Jesús. ¡CRISTO VIENE YA! Arrepentíos y convertíos y se borrarán vuestros pecados (Hechos 3:19). Aleluya.

SUEÑO TRAGICO DE INDIFERENCIA

En Efesios 5:14, también el apóstol Pablo nos trae una voz de alerta, que a su vez, es una palabra *profética*, exhortando a la Iglesia en este último período peligrosísimo y oscuro del tiempo postrero, dijo:

"Despiértate, tú que duermes, y levántate de entre los muertos y la luz de Cristo te iluminará".

Insisto en decir que es una voz de alerta, porque está hablándole a aquellos cristianos que están "*dormidos*", los cuales fracasarán en este tiempo que viene. Pero, al mismo tiempo, es una voz profética señalando cómo estaría la Iglesia en este tiempo: DORMIDA, en un sueño trágico de indiferencia e incredulidad, de indisciplina, de conformismo, de mundanalidad y de guerra entre hermanos.

Cada vez que comenzamos el llamado a las almas en una campaña, donde hay cientos y cientos de perdidos, se entristece mi alma al ver cuando se ponen de pie multitud de hermanos, y se van para su casa, como si eso no fuera con ellos. No sé cuándo fue que se convirtieron, pero ¡permita el Señor que se conviertan a tiempo! No saben que por su indiferencia trágica, dejan ir a la condenación miles de almas preciosas y hasta a sus propios familiares. Aquel que está convertido, que ha nacido de nuevo, en el momento de llamado le dice al Señor:

"Oh, haz de mi cabeza aguas y de mis ojos fuentes de lágrimas para llorar por toda esta gente que está aquí perdida".

Jeremías 9:1.

Porque tenemos que dar de gracia lo que por gracia hemos recibido. Tenemos que pelear por esa gente perdida con todo nuestro corazón para que obtengan la misericordia que Dios ha tenido con nosotros. Sea bendito el Señor Jesús.

Naturalmente, que ese tipo de creyente es el tibio que está aún en Su Cuerpo, pero cuando suene la trompeta, el Señor lo *"vomitará"* por Su boca (Apocalipsis 3:16). ¿Quiénes son, entonces, los que se van para el cielo cuando suene la trompeta? Se va el Cuerpo de Jesucristo, que es la Iglesia (Colosenses 1:18). Pero a multitud de llamados evangélicos que están *"tibios"* en la Iglesia, en ese día los vomitará el Señor por Su boca. Si los vomita, quiere decir que están dentro, están en su Cuerpo; pero cuando suene la trompeta, van a vivir la tragedia de las vírgenes insensatas y como ellas dirán: *¡Ay! ¡Se me apaga la lámpara!* Mateo 25:8. Ahí serán lanzados fuera del Cuerpo. Los creyentes que queden dentro, ¡esos se van!

Por lo tanto como nunca antes, tenemos que estar en el Cuerpo, pero bien ligados a El, con coyunturas y ligamentos del Espíritu y llenos del Espíritu de Dios. Para que en ese momento no puedan existir titubeos de ninguna clase y volemos a nuestro encuentro con el Señor en los aires (1 Tesalonicenses 4:16-17). Sea bendito el nombre de Jesucristo.

ARMAGEDON

Ahora bien, ¿qué importancia tiene este primer punto para nosotros? Nos muestra que estamos en los días en que se

15

SEÑALES DE SU VENIDA

acerca la Tercera Guerra Mundial y que antes de que esta guerra mundial estalle, volamos nosotros para el cielo. ¡Las consecuencias para miles de millones de hombres, que entonces tendrán que quedarse aquí en la tierra, han de ser espantosas! Pero si usted a tiempo se arrepiente, escapará (1 Pedro 3:9). Aleluya.

ESPIRITUS DEMONIACOS

Según la Escritura, las naciones se reunirán para esa guerra final y terrible, influenciadas por espíritus inmundos que salen de la boca de Satanás. En Apocalipsis 16:13-14, después que el apóstol Juan nos habla que el Eufrates se secará para dar paso a los "reyes del oriente" hacia la Tercera Guerra Mundial, nos dice:

"Y vi salir de la boca del dragón, y de la boca de la bestia, y de la boca del falso profeta, tres espíritus inmundos a manera de ranas; son espíritus de demonios, que hacen señales, y van a los reyes de la tierra en todo el mundo, para reunirlos para la batalla de aquel gran día del Dios Todopoderoso".

Apocalipsis 16:14.

Así será la Tercera Guerra Mundial: todo el mundo en guerra, engañados por el diablo.

ANTES, EL VIENE

Pero, *antes* de que esta guerra estalle, en el versículo 15, Jesús nos da un toque de alegría al decir:

"He aquí, yo vengo como ladrón. Bienaventurado el que vela, y guarda sus ropas, para que no ande desnudo, y vean su vergüenza".

¡Ese es el RAPTO! Como ladrón en la noche desciende el Hijo del Hombre y arrebata Su propiedad, a Su pueblo y se lo lleva hacia *Sus moradas celestiales* (Juan 14:3; 1 Tesalonicenses 4:16-18). Su cuerpo, que es Su Iglesia, será l[...]do de esta tierra. Luego que ocurra este arrebatamiento, los ejércitos del mundo se enfrentaran "en el lugar que en hebreo se llama ARMAGEDON" (Apocalipsis 16:16). Primero el Rapto y después guerra. Primero, el arrebatamiento y después toda la tierra será literalmente sacudida por los juicios terribles y trágicos del tiempo del fin. Pues, aparte de la Tercera Guerra Mundial vienen simultáneamente otros juicios, pero primero nosotros volaremos (Apocalipsis 16:16-21).

¿Estás preparado? No basta con ser del Cuerpo, hay que estar *caliente* porque si está *tibio* lo van a vomitar momentos antes del Rapto. Por lo tanto, ese es nuestro reto: mantenernos calientes, llenos del Espíritu. Jesús dijo:

> *"Fuego he venido a traer a la tierra;... fuego,... ¡cuánto deseo que ya esté encendido!"*

> Lucas 12:49.

El creyente verdadero es una antorcha encendida que alumbra en esta tierra al pecador. Bendito sea el nombre de Dios.

EL NUEVO AMANECER DE ASIA

Todas las señales de la Biblia para este evento terrible están cumplidas. Podemos ver claramente cómo al este del Estado de Israel ya existen dos naciones poderosas, cumpliendo esta profecía que ahí aparecerían para los últimos días. Pronto el Eufrates se secará y estas naciones lo pasarán en seco para entrar en la Tercera Guerra Mundial. Aleluya (Apocalipsis 16:12).

Es tiempo de arrepentirse y tornarse a Dios, porque pronto será tarde para las gentes. CRISTO VIENE; los tibios caliéntense y los pecadores conviértanse o perecerán. Los que están firmes, afírmense más que el tiempo es final y peligroso para toda la humanidad. Amigo acepte a Cristo y viva para El, y usted también será lavado en Su sangre y lleno de Su Espíritu, y escapará de los juicios terribles que vienen por causa del pecado. Aleluya.

Gloria a Dios, que sí hay una forma de escapar. En Apocalipsis 3:10, Cristo dijo:

"Por cuanto has guardado la palabra de mi paciencia, yo también te guardaré de la hora de prueba que ha de venir sobre el mundo entero, para probar a los que moran sobre la tierra".

Cristo promete librar los que estén guardando Su Palabra. La única forma de escapar de la catástrofe terrible que viene es convirtiéndose a Jesús de todo corazón y viviendo por Su Palabra. Hazlo hoy. El tiempo es corto, final y decisivo. Aleluya.

CAPITULO 2

GOG: AL NORTE DE ISRAEL

Notemos que a pesar de ser Israel un pueblo tan pequeñito e insignificante, es el epicentro de las atenciones y de los intereses de todos los pueblos y naciones, ya que Dios los ha escogido para serle un pueblo especial, más que todos los pueblos que están sobre la tierra (Deuteronomio 7:6).

Cuando leemos el capítulo 39 de Ezequiel, versículos 2-3 y 14 en adelante, éstos nos ubican al norte de Israel. Allí encontramos que habló Dios al profeta Ezequiel y le dijo:

> *"Hijo de hombre, pon tu rostro contra Gog en tierra de Magog, príncipe soberano de Mesec y Tubal, y profetiza contra él..."*

Ezequiel 38:2

Nos detenemos en la lectura de este versículo porque hemos encontrado el punto que nos interesa. Dios nos habla sobre un personaje: "Gog" y le dice al profeta Ezequiel, pon tu rostro contra ese personaje porque:

> *"Así ha dicho Jehová el Señor: He aquí, yo estoy contra ti, oh Gog, príncipe soberano de Mesec y Tubal. Y te quebrantaré, y pondré garfios en tus quijadas, y te sacaré a ti y a todo tu ejército, caballos y jinetes, de*

todo en todo equipados, gran multitud con paveses y escudos, teniendo todos ellos espada..."

Ezequiel 38:3-4

Es decir, que a este personaje, Dios le va a dar con todo, pero el hecho en sí que más nos interesa se encuentra del versículo 14 en adelante:

"Por tanto, profetiza, hijo de hombre, y di a Gog: Así ha dicho Jehová el Señor: En aquel tiempo, cuando mi pueblo Israel habite con seguridad, ¿no lo sabrás tú? Vendrás de tu lugar, de las regiones del norte, tú y muchos pueblos contigo, todos ellos a caballo, gran multitud y poderoso ejército"

Ezequiel 38:14-15

Fíjese que este es el punto clave, es del *norte* de Israel, de ahí viene Gog y ese imperio militar poderoso que marchará contra Israel.

"...y subirás contra mi pueblo Israel como nublado para cubrir la tierra; será al cabo de los días; y te traeré sobre mi tierra, para que las naciones me conozcan, cuando sea santificado en ti, oh Gog, delante de sus ojos"

Ezequiel 38:16.

JEFE u OSO

La palabra "Gog" significa jefe u *"oso"* y ese personaje que nos describe la Escritura es un jefe *grande*, un príncipe poderoso fuera de lo común. Podemos observar además, que Gog está ubicado al *norte* de Israel. Por lo tanto, contamos con dos claves inconfundibles para identificar ese jefe *grande* que se llama "Gog". Estos versos bíblicos hablan específicamente, en forma inconfundible y no hay un intérprete de la Biblia que no esté de acuerdo con eso, que los mismos se refieren a Rusia. Si trazamos una línea recta desde Jerusalén hacia el norte, encontramos que al norte de Israel está la Unión Soviética, cuyo emblema nacional lo es el "Oso". Sabemos que la Rusia comunista es enemiga de Dios, y hoy día, la única amenaza, poderosamente real, al norte de Israel en este tiempo final. Entonces, ¿será Gog el que estuvo dialogando con el presidente Reagan?

RUSIA INVADIRA ISRAEL

La Biblia añade que Rusia descenderá del norte e invadirá a Israel:

"De aquí a muchos días serás visitado; al cabo de años vendrás a la tierra salvada de la espada, recogida de muchos pueblos, [Israel restaurado], *a los montes de Israel, que siempre fueron una desolación; mas fue sacada de las naciones, y todos ellos morarán confiadamente. Subirás tú, y vendrás como tempestad; como nublado para cubrir la tierra serás tú y todas tus tropas, y muchos pueblos contigo".*

Ezequiel 38:8-9

El profeta Ezequiel indica, que en su invasión a Israel, Rusia armará y equipará una gran confederación de naciones y que además, numerosos pueblos y naciones participarán en este evento.

¿POR QUE RUSIA INVADIRA A ISRAEL?

El conflicto entre Rusia e Israel, y su esfuerzo constante de apoderarse de los países del Medio Oriente, se debe primeramente a que Rusia deberá cumplir esta profecía. Pero también:

"Así ha dicho Jehová el Señor: En aquel día subirán palabras en tu corazón, y concebirás mal pensamiento, y dirás: Subiré contra una tierra indefensa, iré contra gentes tranquilas que habitan confiadamente; todas ellas habitan sin muros, y no tienen cerrojos ni puertas para: arrebatar despojos y para tomar botín, para poner tus

manos sobre las tierras desiertas ya pobladas, y sobre el pueblo recogido de entre las naciones, [refiriéndose a los judíos], *que se hace de ganado y posesiones, que mora en la parte central de la tierra".*

Ezequiel 38:10-12

La razón para su marcha al sur no es difícil de entender. Rusia invadirá para arrebatar despojos y para tomar botín. Veamos: Estos países son importantes para Rusia por las facilidades de navegación ofrecidas por la ruta del Canal de Suez, los campos petrolíferos y las riquezas incalculables de los depósitos de sales minerales en el Mar Muerto. Sus riquezas son consideradas superior a la de todo el oro que se ha extraído de las entrañas de la tierra, así como también, superior a toda la riqueza de Inglaterra, los Estados Unidos de América, Francia, Alemania e Italia juntas.

Otro motivo para la invasión, es que uno de los conceptos básicos del comunismo es que ellos creen que están llamados a gobernar el mundo. Para tomar control de la región, Rusia necesita destruir a Israel, por su magnífica posición en medio de las naciones, ya que geográfica, política y proféticamente es el CENTRO de la tierra. Así se expresa la Palabra de Dios cuando se refiere a Jerusalén: *...la puse en medio de las naciones y de las tierras alrededor de ella"* (Ezequiel 5:5).

Todos estos motivos hacen de Palestina el punto crítico de la tierra y constituyen el motivo principal para la invasión soviética, y así poder dominar el mundo al tener todo el petróleo árabe suficiente para sus máquinas de guerra (Ezequiel 38:15-16).

¿CUANDO OCURRIRA LA INVASION?

Es significativo el notar, que Israel no morará segura en su tierra hasta que haga un pacto de paz con el anticristo. La Biblia establece que Rusia irá *"contra una tierra indefensa, de gentes tranquilas que habitan confiadamente"* (Ezequiel 38:11). Solamente durante los primeros tres años y medio de la Gran Tribulación es que el pueblo de Israel morará seguro y tranquilo en su tierra. El pacto será roto repentinamente por este gobernante ambicioso y poderoso, cumpliéndose lo dicho por el apóstol Pablo: "*...cuando digan: Paz y seguridad, entonces vendrá sobre ellos destrucción repentina, como los dolores a la mujer encinta, y no escaparán*" (1 Tesalonicenses 5:3).

RESULTADOS DE LA INVASION

Mas las Escrituras declaran, que cuando las huestes y aliados de Rusia suban *como nublado para cubrir la tierra*, contra Israel, se enfrentarán a una derrota humillante. Sobre los montes y campos de Israel encontrarán su fin.

> *"Y en todos mis montes llamaré contra él la espada, dice Jehová el Señor;... Y yo litigaré contra él con pestilencia y con sangre; y haré llover sobre él, sobre sus tropas y sobre los muchos pueblos que están con él, impetuosa lluvia, y piedras de granizo, fuego y azufre. Y seré engrandecido y santificado, y seré conocido ante los ojos de muchas naciones; y sabrán que Yo soy Jehová".*

Ezequiel 38:21-23; 39:[1]-4

Esto es una combinación de la catástrofe militar más grande que haya ocurrido dentro de la historia mundial, por un lado y por el otro, una de las más gloriosas bendiciones para el pueblo de Israel. Cuando esto suceda el mundo no dudará de que Dios luchó por Israel. Aunque Israel es una fuerte potencia militar y la única en el Cercano Oriente que tiene posibilidades de resistir a las tropas soviéticas, su verdadera fuerza es JEHOVA DIOS. ¡Aleluya! *"Porque así ha dicho Jehová de los ejércitos: ...porque el que os toca, toca a la niña de Su ojo"* (Zacarías 2:8). Por esto es que todos los que han tratado de destruir a los judíos han sido totalmente humillados en su vano esfuerzo. Rusia no será una excepción.

Estamos precisamente en los tiempos predichos en los capítulos 38 y 39 de Ezequiel. Y aunque el secretario del

23

Partido Comunista Soviético, Gorbachov visitó a Washington por causa de un *acuerdo de paz*, no son sinceros. La Unión Soviética continúa armándose poderosamente en obediencia a la Palabra de Dios. Hemos entrado en el período más peligroso de la actual política mundial, pero la humanidad no lo percibe y la Iglesia de Jesucristo no lo registra. Aquellos que cierren sus ojos ante las actuales SEÑALES, cometen una imprudencia temeraria.

EN LOS ULTIMOS DIAS...

El asunto está bien claro. Es para *los últimos días*, que la Biblia predice que aparecería esa nación poderosa al norte de Israel y que, se levantarían reyes poderosos al este de Israel. Ahí están ante nuestros ojos: China Roja y Japón, al este; y al norte de Israel, ya está Rusia comunista. ¡El fin se acerca! ¡Prepárate para el encuentro con tu Dios! ¡Aleluya!

Así es como se cumple la profecía y cómo Dios muestra que El es DIOS, y que la Biblia no es el librito de la universidad y sí el libro que vino del cielo. ¡Alabado sea Dios! Lindo es escribir historia después que ocurre, pero escribirla antes de ocurrir, como está en la Biblia, eso sí que es algo que sólo Dios lo puede hacer.

Hace casi 2,000 años que el apóstol Juan habló de esos reyes del este y muchos miles de años antes, también el profeta Ezequiel habló de una nación poderosa con un jefe, "Gog", y un emblema nacional, el "Oso" al norte de Israel. Usted pensará: ¡Qué sabiduría la de Ezequiel! Ezequiel no sabía nada. ¡El que estaba con Ezequiel era el que lo sabía TODO! Ezequiel, como otros profetas, Pedro, Juan y Santiago, era una persona humilde; pero el que estaba con ellos, ESE es el que lo sabe todo, *"porque nunca la profecía fue traída por voluntad humana, sino que los santos hombres de Dios hablaron siendo inspirados por el Espíritu Santo"* (2 Pedro 1:21). Quiere decir, que no es cuestión de nosotros es cuestión del que vive *en* nosotros. Alabado sea Dios.

La profecía bíblica se ha cumplido tal como Ezequiel decía: "ESTO SERA EN LOS ULTIMOS DIAS", en los días finales en que vivimos ahora. ¡Cristo viene pronto! La aparición de Rusia comunista en la escena mundial, lista para retar al mundo, es un cumplimiento de la profecía, demasiado obvio para ser pasado por alto.

Rusia descenderá del norte e invadirá a Israel. El conflicto resultante hará que se desate la última guerra mundial en la cual entrarán todas las naciones. Los reyes del oriente aparecerán por el Eufrates, pasando en seco por ese río y se unirán a Rusia para la última y gran Guerra Mundial. Del este, China Roja y Japón, y del norte, Rusia. Pero los creyentes firmes en Jesucristo no veremos esta invasión, ni veremos la guerra mundial estallar.

CAPITULO 3

LAS DIEZ NACIONES

En el capítulo 7 de su libro, el profeta Daniel nos narra que tuvo una visión nocturna, en la cual Dios le reveló *"cuatro bestias grandes"* que subían del mar. La primera, era como un león, pero tenía alas como de águila; la segunda, era semejante a un oso; la tercera, semejante a un leopardo, pero con cuatro cabezas; y la cuarta bestia, *"espantosa y terrible en gran manera"*, tenía dientes de hierro y *diez cuernos* (Daniel 7:2-8). Un ángel, explicándole el significado de la visión, dijo a Daniel: Estas cuatro grandes bestias son cuatro reyes que se levantarán en la tierra". (Daniel 7:17).

Según la interpretación general, los cuatro imperios mundiales aquí predichos son Babilonia, Persia, Grecia y Roma. Desde los días de Daniel hasta la venida de Cristo, el mundo fue regido por estos cuatro imperios. Con profética exactitud Daniel predijo el auge y caída de cada uno de estos imperios. Sin embargo, sobre la cuarta bestia, que representa el Imperio Romano, nos dice:

> '...La cuarta bestia será un cuarto reino en la tierra, el cual será diferente de todos los otros reinos, y a toda la tierra devorará, trillará y despedazará. Y los diez cuernos significan que de aquel reino se levantarán diez

reyes; y tras ellos se levantará otro, el cual será diferente de los primeros, y a tres reyes derribará"

Daniel 7:23-24

Aquí Daniel nos trae una de las profecías más extraordinarias y complejas cuyo cumplimiento parece ser sumamente difícil. Pero, ¿habrá algo que sea difícil para Dios? Cristó dijo: *...Lo que es imposible para los hombres, es posible para Dios"* (Lucas 18:27). Gloria al Nombre de Jesús.

EL NUEVO IMPERIO ROMANO

El profeta Daniel predice que donde antes estuvo el viejo Imperio de Roma, que es esa cuarta bestia que él vio, resurgirá un último imperio de gobierno mundial. Al Dios revelarle a Daniel que *...de aquel reino se levantarán diez reyes"* (Daniel 7:24), la Palabra de Dios afirma que el Imperio Romano será restaurado en los últimos días bajo una confederación de diez naciones. Cuando los dirigentes de estas diez naciones, que originalmente formaban parte del Imperio Romano, se constituyan en una nueva confederación de naciones, se levantará otro rey poderoso y someterá a tres de estos reyes y los otros siete le otorgarán su poder y autoridad voluntariamente. Es decir, que esta confederación produce en los últimos días un dictador mundial, el cual en ese momento tomará dominio y reinará sobre estos diez reinos (Daniel 7:24).

Daniel identificó a este hombre como un personaje diferente de los otros diez gobernantes. La interpretación que recibió Daniel indicaba que proferirá palabras contra Dios, perseguirá a los que crean en Dios y gobernará con poder absoluto sobre la tierra los primeros tres años y medio de la Gran Tribulación, (véase Daniel 7:24-25, 12:11; Apocalipsis 13:5). Y para más información refiérase a mi libro, *"El Anticristo".*

LA NUEVA EUROPA

Ahora, ¿qué importancia tiene esta profecía para nosotros? El territorio geográfico que ocupó Roma en los días en que Jesucristo estuvo ministrando en la tierra, es lo que llamamos hoy en día, la Europa occidental. Consecuentemente nuestro Señor debe volver a aparecer bajo el mismo gobierno mundial como en Su primera venida, esto es, bajo el dominio mundial romano. Si estamos *"en los últimos días"* y la segunda venida del Señor está a las puertas, el Antiguo Imperio Romano tiene que estar ya restaurado.

La profecía revela que se formará en nuestros días un gigantesco sistema comercial dotado de influencia y poder político a escala mundial. Mediante la firma del Tratado de Roma, el 25 de marzo de 1957, y que entró en vigor a partir del 1 de enero de 1958, seis naciones europeas unieron sus economías formando la Comunidad Económica Europea (CEE), llamada popularmente el Mercado Común Europeo (MCE). Desde su comienzo esta asociación fijó en DIEZ el número de naciones miembros como su meta final. Es interesante notar que 1 de enero de 1981, Grecia se convierte en su décima nación. Y aunque España y Portugal han hecho su ingreso al Mercado Común Europeo, no hay duda de que la profecía con respecto a esa confederación de diez países se cumple hoy en la Comunidad Económica Europea (CEE). Esta unificación de Europa es ¡el renacimiento del Antiguo Imperio Romano!

LAS VENTAJAS DE LA COOPERACION EUROPEA

Muy pronto la Comunidad Económica Europea (CEE) se integrará completamente convirtiéndose en el mercado más grande del mundo. La integración de estos países creará una unidad económica con un producto bruto nacional que excederá los 5.4 trillones, superior al de Estados Unidos. Además, desde su fundación, la Comunidad ha establecido una amplísima red de acuerdos sobre preferencias comerciales con decenas de países en todo el mundo. Como consecuencia surgirá en esta cifra un aumento acelerado de diez por ciento en las inversiones que crucen sus fronteras nacionales.

Por otra parte, lo que está ocurriendo con el dólar norteamericano es de gran preocupación para gran parte de la población mundial y familias americanas hoy en día. El dólar se está devaluando en el mercado extranjero y su poder adquisitivo está decreciendo en los Estados Unidos. Por lo tanto, la creación de una moneda europea es algo que se está considerando con insistencia y la integración de los países europeos la hará inevitable. Un reciente informe de la Comunidad Económica Europea concluye que los beneficios de crear un mercado unificado serían mucho mayores si se crea una unidad monetaria europea. Además, varios informes recientes ya están sugiriendo que se tomen los pasos para crear una unidad monetaria mundial. Amado lector, la Biblia predice que un día los hombres grandes y pequeños de todas las naciones verían sus monedas antiguas canceladas y reemplazadas por un *nuevo sistema monetario mundial*, (véase Apocalipsis 13:16-18). ¡Es más tarde de lo que usted piensa! Es la hora de esperar a Jesús. ¡Aleluya!

Al hacerse mucho más competitivo el mercado europeo, la tendencia hacia la fusión de empresas y la consolidación aumentará marcadamente. Como consecuencia traerá un aumento en su capacidad competitiva a nivel mundial. Es decir, que la creación de una economía europea integrada en un solo mercado es uno de los principales eventos que ocurrirán en la economía mundial en los próximos años. Cambiará el panorama económico y facilitará la integración financiera. Todo este proceso es el tema más discutido en Europa en la actualidad.

Y aunque el campo de acción de la Comunidad Europea es en gran parte económico, desde su comienzo sus fundadores tuvieron objetivos esencialmente políticos. Ellos concibieron la Comunidad como el núcleo de los *Estados Unidos de*

Europa", o sea, como una futura entidad política dotada de una autoridad central. En 1979, los votantes de los países miembros de la Comunidad Europea, eligieron directamente sus representantes, formando el primer Parlamento Europeo, ahora ampliado y fortalecido.

Además, a pesar de que desde su comienzo se creó *la Comunidad Europea de Energía Atómica* (CEEA), cuyo objetivo es la explotación conjunta de la energía atómica con fines pacíficos; la Agencia Espacial Europea, fundada en 1975, espera muy pronto quebrantar el dominio norteamericano y soviético en materia espacial. Los europeos quieren hacer algo más que lanzar satélites comerciales. Quieren hacer de Europa la primera potencia espacial.

Podemos ver cómo la integración económica viene a ser sólo el comienzo de una nueva y gigantesca potencia mundial. Europa se encuentra en el umbral de un poderío mundial sin precedentes, política, militar y económicamente, preparada para recibir al anticristo y proclamando que ¡Cristo viene ya! De esto estamos seguros. Estos acontecimientos en el Mercado Común son una fuerte SEÑAL de advertencia. Nos muestran que el Rapto está cada vez más cerca. ¡La profecía bíblica se cumple con prontitud! ¡Hoy está cobrando vida ante nuestros ojos la última y máxima restauración del Imperio Romano!

NUEVA SUPERPOTENCIA

La afiliación de España y Portugal a la Comunidad Europea, y el hecho de que más países vayan a ser admitidos (como lo es el caso de Austria, que también ha solicitado su entrada a la Comunidad) no indica ningún incumplimiento profético. Lo que Daniel predice es que, en ocasión del surgimiento del *cuerno pequeño"* (Daniel 7:8), este Imperio estará compuesto de diez naciones o bloques de naciones. Con la entrada de España y Portugal, hay un total de 12 miembros. Si Austria hiciera su entrada, serían 13 naciones. Quiere decir que en alguna forma tres naciones saldrán fuera y ese hombre terrible, que es el anticristo, aparecerá y tomará dominio de esas diez naciones (Daniel 7:24).

Daniel profetizó esto hace más de 2,500 años y ahora lo vemos cumplido en una forma increíble ante nuestros ojos. Cuando predicamos en Europa, pudimos realmente ver lo que es el Mercado Común Europeo. Esos reinos están unidos como un solo pueblo anunciando que para fines de 1992, eliminarán todas las diferencias de opinión y se romperán todas las fronteras llegando a ser una superpotencia con un sistema monetario para todos. Pronto la nueva Europa estará libre de todos esos límites internos, comerciales y financieros, oficinas de aduanas en las fronteras y conflictivas situaciones. Es entonces cuando el anticristo tomará ese Imperio poderoso.

Actualmente componen el Mercado Común Europeo: Francia, Holanda, Bélgica, Inglaterra, Luxemburgo, Dinamarca, Irlanda, Grecia, Italia, Alemania Occidental, España y Portugal. Naciones poderosas, de tremenda capacidad industrial y económica, unidas con un poderío militar terrible, que al integrarse tendrán una población de alrededor de ¡330 millones de habitantes! Ni los Estados Unidos, ni ninguna otra nación, cuenta con un número semejante de habitantes, pero está profetizado que esos diez reinos sí tendrán ese poder.

EL ANTICRISTO VIVE HOY

Ese es el Imperio del anticristo, listo para que aparezca el hombre y lo tome. Los acontecimientos que tienen lugar en Europa están alcanzando precisamente el punto en que la verdadera persona clave del Nuevo Imperio Romano, el anticristo, debe hacer su aparición. Este hombre vive ya y está ahora mismo en algún lugar, esperando su momento. Satanás lo poseerá totalmente y con gran poder, señales y prodigios mentirosos a muchos engañará (2 Tesalonicenses 2:4, 9-12). Hablará de paz, pero será un falso príncipe de paz. Luego, utilizará ese mismo poder satánico para declararse dios y aplastar despiadadamente toda oposición (Daniel 8:9-25).

¿CUANDO SERA MANIFESTADO EL ANTICRISTO?

El tiempo de su manifestación está estrechamente unido al Rapto de la Iglesia. Por ello, el apóstol Pablo advierte:

"Porque ya está en acción el misterio de la iniquidad; sólo que hay quien al presente lo detiene, hasta que él a su vez sea quitado de en medio. Y entonces se manifestará aquel inicuo, a quien el Señor matará con el espíritu.de su boca, y destruirá con el resplandor de Su venida;..."

2 Tesalonicenses 2:7-8

Es decir, que mientras *el que impide"* no sea quitado de en medio, el anticristo no puede aparecer.

Fíjese, que cuando Pablo nos dice "el que impide", dice "él". Nosotros decimos *"La Novia del Cordero"*; pero la Novia no es "él". La Novia es femenina. Sin embargo, es lo mismo. *"El,* se refiere al Cuerpo de Jesucristo. Cuando el Cuerpo de Cristo, el cual es la Iglesia o la Novia, sea quitado de en medio, entonces aparecerá el anticristo. Primero, el RAPTO y después aparecerá esa criatura terrible. Sea bendito el Nombre de Jesucristo.

Viene el anticristo, pero JESUS viene primero y arrebata Su pueblo y se lo lleva hacia la Ciudad Celestial. ¡Aleluya! Sin embargo, mientras el pueblo de Jesús esté aquí en la tierra, no hay forma de que el anticristo pueda manifestarse. Así está profetizado, siendo un hecho evidente y claro, que si aparece ahora tendría que pelear contra los creyentes del Evangelio, y los creyentes del Evangelio tenemos *autoridad total* contra el diablo (Lucas 9:1), por lo que le daríamos contra el suelo ¡en el Nombre de Jesucristo! Gloria a Dios.

PROFETIZADO HACE SIGLOS

Su Imperio está listo. Todo está ya preparado. Cumpliéndose una SEÑAL más de la pronta venida de Cristo, tenemos ya la unificación de Europa, que en su etapa final tendrá ¡diez reinos! Al este de Israel, dos naciones poderosas, China Roja y Japón; y al norte, Rusia, con un jefe grande frente al Imperio. Todo ante nuestros ojos cumplido. El escenario preparado para Armagedón (Daniel 11:36-40). Pero, también preparado el escenario para el arrebatamiento (1 Corintios 15:51-52).

Los eventos dramáticos que están ocurriendo en el Mercado Común Europeo nos muestran que ¡el Imperio Romano ha resucitado!; que lo único que falta es la manifestación del anticristo, y que el arrebatamiento está cerca, muy cerca... Y lo digo énfasis y gran seriedad para que cuando venga el Señor a arrebatar a los Suyos y usted se quede atrás como víctima del anticristo, no pueda acusarme de que le oculté que el Señor venía tan pronto, tan repentinamente. Por lo tanto, manténgase preparado o ¡prepárese! Prepárese para recibir al Señor en la hora final que vivimos. Todo está cumplido. Es la hora de esperar a Jesús. ¡Aleluya!

CAPITULO 4

LA CIENCIA

E n Daniel 12:4, encontramos otra de las SEÑALES extraordinarias cumplida en forma asombrosa. Nos dice que un ángel del cielo visitó al profeta Daniel y le habló así: *"Pero tú, Daniel, cierra las palabras y sella el libro hasta el tiempo del fin. Muchos correrán de aquí para allá, y la ciencia se aumentará".* Es decir, que después de declararle lo que ha de venir en los postreros días, le dijo: "Anota las palabras, pero cierra y sella el libro que la SEÑAL no es para ti, es para EL TIEMPO DEL FIN", para los últimos días. No era para Daniel, era para nosotros que estamos viviendo en este tiempo postrero.

SUPERCONOCIMIENTO

"Muchos se moverán de aquí para allá, y la ciencia se aumentará" (Daniel 12:4). Esta profecía es muy significativa, pues el ángel nos dejó dos señales muy íntimamente relacionadas que nos mostrarían el tiempo postrero. La primera, y parte clave de ellas, es *"la ciencia se aumentará"*. La Palabra de Dios nos profetiza que mientras nos acercamos a la segunda venida de nuestro Señor Jesucristo, la habilidad del hombre y su capacidad mental, sería cada vez mayor. Es decir, que habrá un aumento sin precedentes en el conocimiento huma-

35

no. El cumplimiento de esta profecía traída a Daniel por un ángel, es algo extraordinario e increíble. Cuando comenzó el siglo , casi no había radios, televisión, luz eléctrica, fonógrafos y ni siquiera había un avión, ni uno. Todas estas cosas eran consideradas una fantasía. Recuerdo que cuando vivía en un campo del Bo. Ciénaga de Camuy, en esos días no teníamos luz eléctrica ni tampoco carreteras pavimentadas. Sólo caminos polvorientos comunicaban el pueblo con sus campos. Sin embargo, de pronto comenzó una revolución científica increíble y aparecieron los televisores, radios, teléfonos, así como, muchos otros aparatos electrónicos que hoy conocemos y que son tan comunes para la humanidad. Los avances tecnológicos han logrado que todos estos descubrimientos serán maravillas del siglo XX.

EL AVION

Al principio de este siglo el avión fue descubierto y desde entonces, por medio de la tecnología avanzada en la aviación, aparecieron los aviones de un motor, de dos motores y de cuatro motores, sucesivamente. Precisamente, fue en uno de esos aviones de cuatro motores que en 1952, viajé a Oakland, California, para competir en un certamen de fisiocultura. En aquel tiempo era un inconverso más, que al vivir sin Cristo, estaba totalmente perdido. De haberse caído el avión, me hubiera ido al instante para el infierno.

Nunca olvido que cuando abordamos el avión, un hombre que allí estaba y me conocía en el deporte, se me acercó y me fortaleció diciéndome: "¡Ten confianza, que esos aviones son de carga y por ser militares no se caen con facilidad!" Al oír sus palabras, solamente pensé: "Y si se cae,...¡pobre de mí!" Cuando uno está en el mundo y no conoce al Señor, fíjese a todo lo que uno se arriesga y con qué facilidad expone uno la vida. ¡Catorce horas tardaba ese vuelo! Cualquier motor que hubiese fallado, se caía el avión. Pero a mí eso no me preocupaba. Ni pensaba en el infierno, ni pensaba en nada de eso. Perdido como estaba, solamente pensaba en mi vida. Esa

36

es la tragedia de la humanidad: que solamente vive el presente y se olvida que hay un Dios y que algún día se hallarán frente a frente con su Creador. Para entonces aún no existían los aviones de retropropulsión.

Pero la Palabra de Dios lo dice: *"la ciencia se aumentará"*. Desde entonces, se han hecho adelantos tremendos y los aviones se han modernizado hasta alcanzar velocidades ultrasónicas. En lo que representa un paso importante en la tecnología de aviación, para principios de la década del noventa ya estará listo el nuevo avión aeroespacial. Este avión aeroespacial, equipado con motores especiales, que queman su combustible dentro de un sistema que gira a velocidades supersónicas, podrá alcanzar una velocidad de diez a veinticinco veces la del sonido y volar entre Nueva York y Tokio en dos horas, por lo que ha sido apodado el "Expreso de Oriente".

¡La invención y el desarrollo del avión es una SEÑAL más para que la humanidad despierte a la realidad de que muy pronto retorna a la tierra Jesucristo, el Hijo de Dios! De que muy pronto Jesús enjugará toda lágrima y vendrá a recoger a los Suyos para que estemos con El ¡para siempre!

LA RADIO Y LA TELEVISION

Tanto la radio como la televisión son también maravillas de este siglo decisivo para toda la humanidad. Ya que por medio de estos dos inventos un orador puede dirigirse a gran parte de la tierra, Dios ha permitido que tengamos alrededor de trece emisoras de radio cristianas, lanzando todo el tiempo la Palabra de Dios a todo Puerto Rico. Además, como un grito de alerta a la humanidad de que Cristo viene, tenemos también canales de televisión cristianos predicando y tanto misioneros como evangelistas nos movemos en campañas continuas cubriendo todo el país. Varias de esas emisoras transmiten estas campañas agigantando aún más la bendición. Gloria a Dios.

Es decir, que la humanidad está recibiendo hoy en día un impacto evangelístico que en aquella época no se veía, pues no habían los adelantos que tenemos ahora, ni se pensaba en algo semejante cuarenta ó cincuenta años atrás. Realmente el profeta Daniel lo dijo: *"la ciencia se aumentará"* (Daniel 12:4). Todas esas emisoras radiales son parte de este cumplimiento profético. Algunas por vía satélite cubren en un solo culto numerosos países. La radio y la televisión han sido un movimiento explosivo, un movimiento sobrenatural de crecimiento científico. El hecho de que se están convirtiendo ahora en un factor importante en las vidas diarias de grandes números de personas, es una señal más de que el tiempo del fin está cerca (Apocalipsis 11:9).

"MUCHOS SE MOVERAN..."

El profeta Daniel dijo: *"la ciencia se aumentará",* pero también dijo" *"Muchos correrán de aquí para allá"* (Daniel 12:4). Significando el moverse, que por el aumento de la ciencia *los hombres se moverían de aquí para allá* y que habría un aumento asombroso en los viajes sobre la tierra. Por lo tanto, para que se cumpla esta profecía, no puede ser cualquier movimiento, tendría que ocurrir algo sobrenatural. Así se ha cumplido. A través de los sensacionales avances en el campo de la tecnología, hemos aprendido a movernos de una ciudad a otra en sólo minutos, de un continente a otro en solamente horas, e inclusive, hasta hablar con alguien que se encuentre a miles de millas de distancia en sólo segundos.

De acuerdo con la profecía, hoy día podemos ver nuestras ciudades congestionadas por el tránsito y cómo los hombres "corren de aquí para allá" por medio de trenes que se desplazan a alta velocidad sobre plataformas subterráneas hasta llegar a su destino deseado. Además, para unir por tren todas las islas japonesas, ya entró en servicio el "mayor túnel submarino del mundo", horadado bajo el estrecho Tsugaru de Japón. Este túnel tiene 53.9 kilómetros y la porción bajo suelo marino es de 23.3 kilómetros. Los científicos opinan que este es un acierto tecnológico sin paralelo en el mundo, un mito hecho realidad. Las sorprendentes estadísticas nos indican que unos ¡2.3 millones de pasajeros! y ¡5.0 millones de toneladas de carga pasarán por este túnel bajo el mar cada año!

REVOLUCION EN LA FISICA

Pero, los científicos continúan con sus descubrimientos, y entre los más recientes y notables, está el desarrollo del material que cambiará el mundo: "los superconductores de cerámica". Los científicos han descubierto que los materiales superconductores dejan pasar libremente la electricidad a unas temperaturas mucho más altas que los superconductores convencionales, sin generar calor y, por tanto, sin pérdidas de energía. Como consecuencia, los beneficios de la superconductividad serán inmensos.

Los materiales superconductores han abierto el camino para maravillas tales como computadoras pequeñísimas, pero inmensamente poderosas y trenes que, sin tocar la tierra, flotarán sobre carriles magnéticos desplazándose a una velocidad de 500 kilómetros por hora. Estos trenes serán la aplicación más espectacular de la superconductividad. En algunos países, como Alemania Federal y Japón, ya existen prototipos de estos vehículos que han sido probados con éxito y han llegado a superar los 500 kilómetros por hora.

Además, al sustituirse los carriles electromagnéticos convencionales por *imanes superconductores*, este atributo podrá aprovecharse para hacer "volar" los trenes de sustentación electromagnética de alta velocidad que ya existen. Es asombroso cómo en forma increíblemente literal se ha cumplido esta profecía. Por medio de la superconductividad muy pronto el mundo y los transportes sufrirán el cambio más radical y espectacular.

Tal como está escrito, hoy vemos cómo por el aumento en la ciencia *"muchos corren de aquí para allá"* por aire, tierra y mar proclamando que ¡CRISTO VIENE YA! Primeramente, se movieron en aviones de retropropulsión, a velocidades mayores que el sonido por los aires y después, en naves espaciales hacia el Universo hasta llegar a la Luna. Ahora los científicos nos informan que pronto llegarán a Marte. Pero nosotros, los creyentes de Cristo les decimos: "Nosotros vamos mucho más allá de Marte. Vamos para la ciudad Celestial en el tercer cielo. La única diferencia es que nosotros no vamos en naves espaciales, sino con un cuerpo glorificado (1 Corintios 15:51-53). Seremos arrebatados en nubes hacia el aire para recibir al Señor y ver con libertad toda esa inmensidad que nuestro Dios creó y gozarnos de la creación de Aquél que es Dios y Rey Soberano". ¡Sea bendito el Señor Jesucristo!

SATELITES

Una vez seamos arrebatados hacia el tercer cielo y entremos allá a la fiesta celestial, el Señor enviará *dos profetas* a la tierra. El profeta Elías será uno de ellos, y éstos tendrán poder para cerrar los cielos para que no llueva, convertir las aguas en sangre, y herir la tierra con toda plaga, cuantas veces quieran (Apocalipsis 11:6). Durante tres años y medio estos dos profetas le anunciarán a Israel el engaño del anticristo y testificarán sobre el Mesías que viene (Apocalipsis 11:3). Cuando hayan acabado su "testimonio", el anticristo "hará guerra" contra ellos y los matará. Luego dejará sus cadáveres tirados en la plaza de Jerusalén y no permitirá que sean sepultados (Apocalipsis 11:7-9).

Notemos la sagacidad del diablo. Después de Su muerte, Jesús fue sepultado y al tercer día resucitó de entre los muertos. Al ver la tumba de Cristo vacía, que es la SEÑAL MAS GRANDE del cristianismo, los apóstoles con regocijo exclamaron: "*El no está allí ¡HA RESUCITADO!*" Pero los principales sacerdotes, dando mucho dinero a los soldados, les instruyeron para que dijeran: "No, no, se robaron el cuerpo. Sus discípulos vinieron de noche y lo hurtaron, estando nosotros dormidos". Esto causó una controversia, por lo que, este dicho se ha divulgado entre los judíos hasta el día de hoy (Mateo 28:13, 15).

Por lo tanto, el anticristo dirá esta vez: "Para que no haya controversia ahora, los voy a dejar ahí, en esa plaza, de forma tal que la gente de TODAS las NACIONES VEAN que se murieron de verdad". Pero, después de tres días y medio Dios los resucita delante de todo el mundo y los *"verán de todos los pueblos, naciones y lenguas"*(Apocalipsis 11:9-11). ¿Cómo será posible que de todos los pueblos, naciones y lenguas puedan ver simultáneamente este acontecimiento? *Televisión mundial por medio de satélites.*

La televisión mundial es uno de los grandes logros científicos de este siglo postrero. Con el descubrimiento de colocar satélites en el cielo y transmisores de radio y televisión en esos satélites, ahora mismo, vía satélite se puede lanzar un mensaje de radio o televisión que cubre prácticamente la mitad de la tierra. Ya podemos ser vistos y oídos vía satélite en cualquier parte del mundo en la milésima parte de un segundo. En breve, cuando los científicos perfeccionen este sistema, cubrirán la tierra entera con una sola transmisión.

Cuando el anticristo aparezca, la televisión mundial por medio de satélites será ya una realidad (Apocalipsis 11:9). El anticristo obtendrá el control de la misma y toda la humanidad verá levantarse sobre sus pies a Elías y al otro profeta y volar hacia el reino de Dios (Apocalipsis 11:11-12). Será otro Rapto pequeño, pero visible a los ojos de toda la humanidad. Y el momento en que el corazón de los hijos de Israel se tornará a Dios y entenderán que JESUCRISTO ES SU MESIAS (Zacarías 12:10).

LA IGLESIA SERA ARREBATADA

Sucederán cosas terribles, pero nosotros, hermanos, no veremos nada de eso. Nosotros seremos arrebatados *antes* de que los últimos siete años de esta dispensación comience. Antes que aparezca el anticristo y la Gran Tribulación, nos iremos al cielo. Antes de que estos eventos, que hemos narrado ahora sucedan, volaremos con Jesús. Tenemos ahora mismo una cita con nuestro NOVIO. Pronto volaremos hacia arriba, hacia el Reino de los Cielos, para una BODA CELESTIAL con nuestro Redentor. Mientras aquí abajo, todo el poder del diablo lanza la tierra a la Gran Tribulación; en el cielo, todo el poder del Dios vivo estará rodeando a la Novia de Jesús para la boda más grande que jamás ha ocurrido. ¡Gloria a Dios!

¡PREPAREMONOS!

Para este acontecimiento glorioso y para poder ser arrebatados en las nubes, la Biblia nos enseña claramente que tenemos que estar preparados (Apocalipsis 19:7). Es decir, que no basta con ser la Novia de Cristo ahora. Hay que estar llenos del Espíritu Santo porque a aquellos que permanezcan tibios e indiferentes a Su venida, Cristo dijo que les *"vomitará"* de Su boca (Efesios 5:18; Apocalipsis 3:15-16).

Apenas leemos este mensaje a la iglesia de Laodicea, la última Iglesia de la era actual, encontramos que el apóstol Juan nos dice que ve una puerta abierta en el cielo y oye una voz *"como de trompeta"* que le habla y dice: *"Sube acá ... y al instante estaba en el Espíritu"* (Apocalipsis 4:1). Así será el Rapto. Es en un instante, en una abrir y cerrar los ojos, que volará la Iglesia hacia nuestra patria celestial. Por lo tanto, no podemos esperar a que suene la trompeta para prepararnos. El momento es hoy. ¡Ha llegado el tiempo para que la Novia se prepare para recibir al Deseado de todas las naciones! Aleluya.

LOS TIBIOS PERECERAN

Todos aquellos cristianos que en la actualidad piensan que pueden vivir como quieran y estar listos para el regreso de Cristo, serán lanzados fuera de Su Cuerpo en el último segundo. En ese momento final del arrebatamiento, serán *desechados y arrojados fuera de Su Cuerpo.* Porque a los espiritualmente tibios, Jesús les dirá:

"Yo conozco tus obras, que ni eres frío ni caliente. ¡Ojalá fueses frío o caliente! Pero por cuanto eres tibio, y no frío o caliente ... te vomitaré de mi boca".

Apocalipsis 3:15-16

En cambio, los calientes, ese pueblo fiel que espera ansiosamente la venida del Señor, ésos permanecerán en Su Cuerpo y subirán, en viaje sin escala hasta el tercer cielo. ¡Gloria a Dios!

SER LLENOS DEL ESPIRITU SANTO

Por lo tanto, en esta época profética decisiva el reto terrible para cada creyente de Jesucristo es mantenerse en "fuego". Necesitamos ser llenos del Espíritu Santo, a fin de que nos otorgue *poder* para servirle y vivir una vida santa y poderle glorificar como El se merece. Entonces, *"tus ojos verán al Rey en su hermosura; verán la tierra que está lejos"* (Isaías 33:17). Los llenos del Espíritu verán a Jesús tal como El es y en la experiencia del arrebatamiento que nos espera, en aquel glorioso día de la boda cuando nos paremos frente a Cristo, le veremos cara a cara tal como El es. En Lucas 12:49, Cristo dijo: *"Fuego vine a echar en la tierra; ¿y qué quiero, si ya se ha encendido?"* Ese es nuestro reto: ¡Mantenernos llenos de ese fuego celestial!

El reto no es ser evangélico. Evangélico lo es cualquiera. Evangélicos mundanos e hipócritas, con su corazón apegado a las cosas del mundo, los hay por millones aquí abajo. Viven engañados y son un descrédito para el Evangelio por lo que en el momento del Rapto, serán *"vomitados"* y se quedarán. Pero, aquellos evangélicos llenos del Espíritu Santo; sinceros, humildes, honestos e íntegros; ese es el Cuerpo de Jesucristo que se va. Cada creyente que está en el Cuerpo de Cristo, lleva en sí el testimonio del Espíritu de Dios (Roma-

43

nos 8:16), y ha quedado injertado a Su cuerpo y ahí tiene que mantenerse. Pero, no todo creyente está *lleno del Espíritu Santo*. Sin embargo, si lo seguimos de todo corazón permaneceremos injertados a El, en un primer amor con Cristo; y El nos bautizará y nos llenará con Su Espíritu. Amén.

En cambio, aquellos que estando en el Cuerpo permanezcan tibios y perezosos, sin dar testimonio a nadie, aún danzando en el Espíritu y hablando en otras lenguas de vez en cuando, al sonar la trompeta se quedarán fuera y su amargura será horrible. Hermano, entienda que es época final y Dios demanda de nosotros que nos convirtamos de todo nuestro corazón, con ayuno y lloro y lamento (Joel 2:12). Por eso nuestro gran reto ahora no es cuestión de sentir una bendición de vez en cuando, sino de buscar a Dios con todo pues ¡CRISTO VIENE YA! Sólo los llenos del Espíritu se irán (Mateo 25:8-12).

EPOCA FINAL

Quiere decir, que esta no es la época de escapar e irse a una montaña a esperar a Jesús, sino, de consagrarnos plenamente a Dios. De dar testimonio a la humanidad, levantarnos de madrugada a orar y de ayunar con frecuencia. De mantenernos firmes en la Iglesia, sin faltar a un culto y sin tener prisa por salir antes de que se acabe. Que nuestra única urgencia sea que al sonar la trompeta estemos preparados y volemos con el Señor. Ese debe ser el anhelo ardiente del pueblo de Dios: acabar de salir de este mundo vil y corrompido. ¡Sintamos todos nostalgia por el cielo!

La lista de los nuevos avances de conocimiento es ya interminable. Cada cinco minutos los científicos descubren 300,000 palabras de conocimiento científico. Pero, aún cuando *el que enseña la ciencia al hombre es Dios*, la gran mayoría de los científicos han rechazado la fuente esencial de conocimiento verdadero: LA PALABRA DE DIOS (Salmo 94:10, Romanos 1:18-20). Además, el mundo haciéndose sabio en su propia opinión le ha dado toda la gloria a la ciencia y a la sabiduría humana, cuando lo más importante es la salvación del alma. Es por esto que a mayor conocimiento, más desdichada es la humanidad *y muchos corren de aquí para allá* atemorizados y llenos de ansiedad, presintiendo el caos inminente *"de todas las cosas que vendrán"* (Lucas 21:34-36).

No haga usted como aquellos que han desechado el conocimiento verdadero, porque al estudiar la Biblia encontrará que en Cristo está la victoria y que solamente El tiene PALABRAS DE VIDA ETERNA (Juan 6:63-68). Escudríñelas y medite en ellas, viva por ellas y escapará (Juan 5:39).

Realmente el profeta Daniel trajo aquí dos señales claves que nos mostrarían el tiempo postrero. La profecía indica que habría un aumento sobrenatural en el conocimiento humano y en los viajes del hombre. El cumplimiento de esta profecía es un grito de alerta a la humanidad de que YA estamos en el TIEMPO DEL FIN, el fin de la presente dispensación de la gracia. De que estamos a punto de culminar esta carrera de victoria; de alcanzar la meta, en la cual nos abrazaremos con Cristo Jesús. ¡Gloria a Dios!

¡CRISTO VIENE!

Por eso amigo, avance. Usted que todavía no es salvo ¡venga a Jesús!, que en El están escondidos todos los tesoros de la sabiduría y del conocimiento (Colosenses 2:3). Sólo Cristo salva. Recíbalo a El y Su sangre le limpiará de todo pecado (1 Juan 1:7). ¡Cristo viene ya! Acéptelo de todo corazón y viva para El. Porque así le dice el Señor:

> *"He aquí, vengo pronto!... Bienaventurado el que guarda las palabras de la profecía de este libro".*

Apocalipsis 22:7

CAPITULO 5

EL AUTOMOVIL

U na de las señales más extraordinarias de la Biblia sobre el tiempo del fin está en Nahúm 2:2-4:

"El carro como fuego de antorchas; el día en que se prepare, ... Los carros se precipitarán a las plazas, con estruendo rodarán por las calles, su aspecto será como antorchas encendidas, correrán como relámpagos".

Estos versículos nos dicen que el profeta Nahúm tuvo una visión y vio *carros como fuego de antorchas* que rodaban por las calles y se precipitaban a las plazas con estruendo; y su aspecto era como antorchas encendidas y corrían como relámpagos.

Imagínese la sorpresa del profeta al ver en esa época tan primitiva estos vehículos tan extraños, con sus focos resplandecientes, corriendo a velocidades tremendas por carreteras. Estando acostumbrado solamente a ver carretas tiradas por caballos, ver esos vehículos tan rápidos fue algo asombroso para él. Sin embargo, vio en visión los vehículos del tiempo del fin.

Ahora, ¿cuándo aparecerían esos carros? Lo más importante de esta profecía es el elemento del tiempo. El profeta Nahúm 2:2, dice que *"Jehová restaurará la gloria de Jacob como la gloria de Israel"*. Esto quiere decir que para la época cuando Dios estuviera a punto de restaurar a Israel, esos carros aparecerían.

¿Se ha cumplido esto? Estos carros como antorchas encendidas que el profeta vio describen en forma increíble al automóvil de hoy en día. Si en la isla de Puerto Rico hay alrededor de tres ó cuatro automóviles para cada persona, ¡imagínese entonces, cuántos automóviles hay sobre la faz de la tierra! Cuando en las noches usted viaja por las carreteras y autopistas los ve exactamente como los vio Nahúm: antorchas encendidas que vienen hacia usted, pasan como relámpagos por su lado y lo que oye es el viento y no le da tiempo de distinguir qué clase de vehículo es. Así los vio Nahúm, corriendo como relámpagos por las carreteras y semejantes a antorchas encendidas. El desarrollo del automóvil es una inconfundible señal de la venida del Señor, pues aparecerían en el tiempo en que Israel estaría a punto de ser restaurado. Exactamente el tiempo que estamos viviendo ahora. Gloria al nombre del Jesucristo.

DESPUES DE DOS DIAS

Lo más importante de todo esto es que la Biblia dice cómo es que Dios va a restaurar a Israel. El profeta Oseas, profetizando sobre el juicio terrible que vendría sobre Israel, dijo:

> *"Venid y volvamos a Jehová; porque El nos ha herido y El nos ha desgarrado, pero nos vendará y nos curará..."*

Oseas 6:1-2

Fíjese, habla que Dios iba a herir y a desgarrar a Israel por causa de su desobediencia, pero también los iba a curar y a restaurar.

¿Cuándo sucederá esto? El profeta dice que Dios sanaría y restauraría a Israel *"después de dos días"* (Oseas 6:2). No son dos días de veinticuatro horas. Pasarían dos días de Dios que son dos mil años. En 2 Pedro 3:8, el apóstol dice: *"Más, oh amados, no ignoréis esto: que para el Señor un día es como mil años".*

Vendría juicio sobre Israel, pero al pasar esos dos mil años, Dios restauraría a Israel y le devolvería la vida. Oseas profetizó en forma matemáticamente precisa, el tiempo exacto de la dispensación de la gracia, de esta edad en que vivimos, dos mil años.

Pero también profetizó un *tercer día,* o sea, *mil años más,* en los cuales Jesús estará viviendo aquí en la tierra con Sus santos y el pueblo de Israel con El. Oseas dijo: *"...en el tercer día nos resucitará y viviremos en Su presencia",* (Oseas 6:2). Es decir, que sanaría a Israel viniendo a vivir en Su presencia. De esos tres mil años que habla el profeta Oseas, dos mil años están a punto de terminarse para la humanidad.

EL CALENDARIO DE DIOS

Ahora mismo estamos en la década del ochenta. Algunos dirán que faltan entonces veinte años para el final de esta dispensación, pero eso no es cierto. El calendario de la tierra no es el calendario del cielo. El calendario de la tierra fue cambiado al comenzar la era cristiana por uno de los Papas de Roma y uno de los Césares, y vino a tener 365 días al año. El calendario de Dios es el calendario judío, el del Antiguo Testamento, de treinta días por mes y 360 días por año.

La misma Escritura nos prueba que esto es una realidad. Durante la época del diluvio, el calendario se basaba en 360 días (véase Génesis 7:11-24; 8:3-4). Los cinco meses desde el día diecisiete del segundo mes en que comenzó el diluvio hasta que el arca reposa el día diecisiete del séptimo mes, están reconocidos como 150 días.

"Y prevalecieron las aguas sobre la tierra ciento cincuenta días" (Génesis 7:24). O sea, treinta días por mes, ó 360 días por año. Por lo tanto, podemos ver que en los días de Noé, el calendario perfecto de Dios estaba en vigor. Gloria a Dios.

Hablando Jesús sobre los días terribles de la Gran Tribulación dijo:

"Y si aquellos días no fuesen acortados, nadie sería salvo; mas por causa de los escogidos, aquellos días serán acortados".

Mateo 24:22

La cronología profética en el libro de Apocalipsis nos enseña que durante la Gran Tribulación tanto la *septuagésima* semana de Daniel (Apocalipsis 12:14), como los cuarenta y dos meses de Apocalipsis 11:2 y los 1,260 días de Apocalipsis 11:3, todos están relacionados al uso del calendario inmutable de Dios de 360 días (360 días x 3 1/2 = 1,260 días).

Por ser incompatible, el calendario de la tierra jamás podrá computar los "años proféticos" establecidos por Dios. Además, cada vez que el año termina en la tierra, ya hace 5 días que terminó en el calendario de Dios. Todos los años se pierden 5 días y en un período de casi 2000 años que han pasado, se han perdido más de 20 años en el calendario de los hombres. Aquí estamos en la década de los ochenta, pero en el cielo estamos alrededor del 2000 y para Dios el tiempo se ha cumplido. Muy pronto sonará la trompeta. Los días que estamos viviendo ahora es un tiempo de misericordia (2 Pedro 3:9). Dios en Su amor está dando un breve período de oportunidad para que muchos escuchen los últimos mensajes, se salven y Su pueblo dé fruto agradable a El.

Por el año 1963 regresaba de una gira evangelística por la República Dominicana. Oraba una noche en mi hogar muy tarde en la noche, cuando sentí de pronto que el poder de Dios entró a través de la puerta cerrada de la habitación y vino sobre mí. Penetró profundo en mi corazón.

Creía que mi corazón iba a explotar. Repentinamente el Espíritu empezó a hablarme: "Mi siervo, estamos en más del 1980" y me lo repitió por tres veces. Yo sabía que me hablaba del calendario del cielo.

Luego, el Espíritu me arrastró por el piso llorando y yo sabía que lloraba por una humanidad que *pronto* va a caer bajo los juicios terribles de Dios. Pasada la experiencia, me incorporé y le dije al Señor: "Si esto es tan importante repítelo exactamente en la misma forma".

Pasó muy poco tiempo, cuando el Espíritu volvió sobre mí y me habló exactamente lo mismo tres veces: "Mi siervo, estamos en más del 1980", y volvía a llorar por la humanidad perdida y también por los hermanos tibios y mundanos que Dios está a punto de vomitar.

¿Cuál es la fecha en el cielo? Esa experiencia fue en el 1963. Han pasado como 26 años de ella. Yo no sé la fecha exacta en el cielo, pero sí sé que es más tarde de lo que creemos, que el fin se acerca a pasos agigantados y es el momento decisivo para la humanidad arrepentirse o perderse para siempre.

EL MILENIO

Al pasar los dos días de Dios viene el Milenio, Jesús reinando como el Rey verdadero por mil años en la tierra, con Israel restaurado. Para Israel esta es una promesa preciosa, pero más linda aún lo es para nosotros. La Palabra dice:

"Y conoceremos, y proseguiremos en conocer a Jehová; como el alba será su venida y vendrá a nosotros como la lluvia tardía y temprana a la tierra".

Oseas 6:3

Cuando dice "Su venida", está hablando de Su venida en gloria para restaurar a Israel y vivir con ellos MIL años. Todo está profetizado en una forma matemáticamente precisa.

NO ESTAMOS EN TINIEBLAS

Podemos darnos cuenta ahora por qué el apóstol Pablo dice:

51

"Vosotros, hermanos, no estáis en tinieblas para que ese día os sorprenda como ladrón".

1 Tesalonicenses 5:4

Porque, cuando viéremos que los dos mil años que Oseas profetizó estuvieran ya prácticamente terminados, entonces sabríamos que el Señor estaría a punto de volver a establecer Su reino de mil años y Su morada con el pueblo de Israel aquí en la tierra (Ezequiel 37:26-28). No olvidando que antes de que los últimos siete años de esta edad comiencen, volaremos para el cielo en el glorioso RAPTO de la Iglesia (1 Tesalonicenses 4:16).

Los últimos siete años de esta dispensación son de atención especial de Dios para Israel (Daniel 9:27). En esos días aparecerá el anticristo, vendrá la Gran Tribulación (Mateo 24:21) y estallará la Tercera Guerra Mundial, en la cual entrarán todas las naciones contra Israel. ¡Entonces vendrá el gran suceso! En lo más terrible del conflicto, Cristo descenderá del cielo con Su Pueblo para terminar con esa guerra terrible (Zacarías 14:1-4, 16). Y establecerá ese *milenio final* que Oseas profetizó, y en el cual Cristo estará reinando mil años de paz (Apocalipsis 20:4). ¡Gloria a Dios!

Quiere decir, que lo *primero que viene es el rapto de la Iglesia.* Estamos esperando que ocurra en cualquier momento, porque todo está cumplido y es en los últimos siete años de esta dispensación que Dios restaurará a Israel (Daniel 9:27). La Novia de Jesús ya no estará aquí porque este tiempo final es de atención de Dios para Su pueblo Israel, el cual tiene promesas de ser restaurado para el fin de la edad.

La multitud incontable de automóviles en las carreteras en estos días nos muestran que llegó el momento de restaurar a Israel y que el Señor está preparado para Su retorno a la tierra (Nahúm 2:3). Pero antes de Su venida El tiene que levantar Su iglesia con El, pues dice la Biblia que en su segunda venida en gloria Sus santos vienen con El (Zacarías 14:5).

Prepárese para el encuentro con el Señor: ¡CRISTO VIE-NE YA! Para usted quedarse aquí abajo después del Rapto, más le valdría no haber nacido. Arrepiéntase de corazón y busque al Señor con toda su alma y todo su espíritu. El le llenará del Espíritu Santo y usted también será uno de los que escapen hacia el cielo antes de los días terribles de la Gran Tribulación. En esos días habrá juicios, guerra, hambre, muerte, infierno y millares se perderán. Reciba a Jesús que El en la cruz compró vida y victoria para usted. Amén.

CAPITULO 6

RETORNO DE LOS JUDIOS

El capítulo 60 de Isaías, vv. 8-10, es una profecía que está muy relacionada con lo que dijo el profeta Oseas. Hablando de los israelitas, Oseas profetizó que, por su apostasía, Dios los iba a desgarrar, los iba a herir y que el castigo no duraría para siempre, pues ellos serían restaurados. Sobre la futura restauración de Israel, Isaías tuvo una visión y los ve cuando retornan definitivamente, después de siglos de dispersión, a su tierra natal. Sea bendito el Señor Jesús.

Al ver en su visión, que muchos de ellos regresaban volando por los aires, el profeta se sorprendió en una forma tan terrible que exclamó:

"¿Quienes son éstos que vuelan como las nubes y como palomas retornan a sus ventanas?

Isaías 60:8

Eran los hijos de Israel regresando de todas partes del mundo a la Tierra Prometida. Muchos regresaron por tierra, trenes, automóviles; pero también por los aires, en los modernos aviones de esta época, exactamente como Isaías los vio. ¡Aleluya!

Es decir, que Isaías profetizó también que para el *tiempo del fin* y cuando el retorno de Israel estuviera por cumplirse, los hombres se transportarían como aves que vuelan por los aires. Es sorprendente cómo la Biblia, miles de años antes, ha declarado al hombre TODO lo que va a ocurrir. El retorno de los judíos a su tierra SEÑALA uno de los milagros *más grandes* de la historia y el cumplimiento profético de varias profecías.

El profeta Ezequiel también declaró, hace más de 2,500 años, lo siguiente:

> *"Así ha dicho Jehová el Señor: He aquí, yo tomo a los hijos de Israel de entre las naciones a las cuales fueron, y los recogeré de todas partes, y los traeré a su tierra; y los haré una nación en la tierra, en los montes de Israel..."*

Ezequiel 37:21-22

Esta es la promesa divina de la restauración de la nación de Israel. De todas las partes del mundo los sacaría y los volvería a traer a tierra de Palestina.

Sin embargo, para nosotros, la iglesia de Jesucristo, lo más importante son los versículos 26 y 27:

> *"Y haré con ellos pacto de paz, pacto perpetuo será con ellos; y los estableceré y los multiplicaré, y pondré mi santuario entre ellos para siempre. Estará en medio de ellos mi tabernáculo, y seré a ellos por Dios, y ellos me serán por pueblo".*

Ezequiel 37:26-27

Después de establecer nuevamente a los judíos en la tierra de Palestina, Jesucristo, el verdadero tabernáculo, prometió que descendería a vivir con ellos.

¿Cuándo ocurrirá eso? En Oseas 6:2, Dios dijo: *"...después de dos días";* es decir, pasarían *dos mil años* y entonces se cumpliría. Cristo descenderá con Su pueblo y establecerá Su reino de paz sobre la tierra. Los creyentes limpios e inmacu-

56

lados que se fueron con Cristo antes de los juicios, ahora regresarán con el Señor para reinar y gobernar con El por MIL AÑOS. Es lo que la Biblia llama EL MILENIO, el reinado de Cristo por mil años aquí en la tierra. No permita que nadie ocupe su lugar. Afírmese en Cristo y sea del grupo glorioso que será arrebatado y vendrá con Cristo del cielo a reinar con Israel.

RESTAURACION DE ISRAEL

Cuando Cristo fue sentenciado a muerte, los judíos rechazaron al Mesías —JESUS— tan ansiosamente esperado. Por su apostasía y desobediencia Dios reprueba a Israel; y como castigo, en el primer siglo de la era cristiana, fueron llevados cautivos a todas las naciones. Por casi dos mil años estuvieron desbandados y, según las apariencias exteriores, sin la esperanza de jamás volver a su tierra. Pero Dios había declarado, por el profeta Ezequiel, que volverían a ser nación (Ezequiel 37:22) y si Dios lo dijo, tiene que ocurrir, no importa la oposición satánica que venga.

Cuando estos dos días estuvieran a punto de culminar, esta profecía sería hecha una realidad. Hoy vemos ante nuestros ojos su cumplimiento en forma gloriosa. Conforme a Su maravillosa Palabra, Dios los ha traído a su tierra y los ha establecido otra vez.

El 14 de mayo de 1948, fecha memorable para el pueblo judío y para los cristianos en general, Israel volvió a ser una nación. Inmediatamente después de su establecimiento, más de 100,000 judíos de diferentes países se trasladaron a la tierra de sus antepasados.

Decenas de miles de refugiados judíos, quienes jamás habían visto un avión, llegaron a Israel cumpliendo en forma literal la profecía de Isaías. Y en sólo tres años y medio de su existencia con el retorno de 685 mil judíos se duplicó la población de la pequeña y nueva nación de Israel.

Desde su restauración millones de judíos, movidos por el Espíritu Santo de Dios, han regresado a Israel de todas partes del mundo. Tal y como Dios lo dijo a través de Su profeta Ezequiel, los ha recogido y los ha tomado de entre todas las naciones, y ahí están como una sola nación, y gran señal de que ahora *todo está preparado* para que Cristo venga a establecer con ello Su santuario.

EL DESIERTO FLORECE

Por la desobediencia, también aquella tierra fértil, llena de árboles, donde se habían erguido ciudades florecientes, poco a poco se fue convirtiendo en un enorme desierto. Los siglos de desolación que vinieron sobre la tierra de Israel fue el cumplimiento de la Palabra de Dios:

"...y a vosotros os esparciré entre las naciones, y desenvainaré espada en pos de vosotros; y vuestra tierra estará asolada, y desiertas vuestras ciudades".

Levítico 26:33

Por consiguiente, la tierra que encontraron los primeros judíos fue exactamente una tierra asolada de ciudades desiertas. Sin embargo, en los años que siguieron millones de árboles fueron plantados. Los pantanos fueron drenados y las ciudades antiguas fueron reconstruidas y habitadas. Debido a su clima desértico, los agricultores israelíes inventaron la irrigación por goteo. Por este método exclusivo de irrigación, ni una sola gota de agua es desperdiciada. Mediante pequeños tubos plásticos, cantidades controladas de agua son llevadas directamente a las raíces de las plantas.

Por medio del desarrollo de este sistema de irrigación y la fertilización de sectores áridos, la tierra comenzó una rápida transformación, cumpliéndose así la profecía bíblica:

"Y la tierra asolada será labrada, en lugar de haber permanecido asolada a ojos de todos los que pasaron. Y dirán: Esta tierra que era asolada ha venido a ser como

58

huerto de Edén; y estas ciudades que eran desiertas y asoladas y arruinadas, están fortificadas y habitadas".

Ezequiel 36:34-35

El retorno de los judíos a su tierra y la restauración de la tierra de Israel es una de las señales bien claras de que Dios ha vuelto a aceptar a Su pueblo y de que ahora vendrá el Señor. ¡Gloria a Dios!

EL CUADRAGESIMO ANIVERSARIO DE ISRAEL

En el año 1988, después de reafirmar y leer a la nación su Declaración de Independencia, judíos y cristianos marcharon llenos de alegría, cantando y danzando por las calles de Jerusalén celebrando su cuadragésimo aniversario de haberse establecido como nación. Ellos afirman que al cumplirse el término de una generación, que son cuarenta años, *algo grande sucede.* Además, la situación en Israel ha llegado a un grado tal de desesperación que han expresado: *"¿Será que viene el Mesías? ... No lo sabemos, pero sí estamos seguros de que algo grande ha de acontecer".*

Con la fundación del estado de Israel, hemos comenzado a vivir la *última fase de los postreros tiempos.* Es así porque la época de la Iglesia de Jesucristo encuadra exactamente entre el rechazo y la reaceptación de Israel. Israel festejó su milagro con muchas celebraciones y congresos, pero también con grandes cruzacalles que decían: "¡ISRAEL TU REDENCION ESTA CERCA!" Fíjese, ellos están aguardando la manifestación del "Mesías", al cual han estado esperando por miles de años.

Sin embargo, aunque los judíos digan que están esperando al "Mesías", el hombre conocido en las profecías como el "anticristo" (Apocalipsis 13:11-17), es el que vendrá y les engañará (Isaías 28:15). Sabemos que el verdadero Mesías, Cristo Jesús, vino ya y ellos lo rechazaron. Si usted está firme en Cristo, lo tiene ya escondido en su corazón y pronto en Su venida, usted volará con El para el cielo.

CAMINANDO EN OBEDIENCIA A EL

Ahora, ¡mire lo que cuesta dar la espalda a Jesucristo! Por su endurecimiento para reconocer a Jesús de Nazaret como el Mesías, todas las bendiciones tremendas que eran para ellos las perdieron. Ellos, que eran las ramas naturales, fueron desgajados y nosotros los gentiles fuimos injertados en su lugar al *Arbol de la vida* (Romanos 11:17). A ellos los desgarraron y a filo de espada fueron matados por su pecado. Por eso, usted no cometa ese mismo error, que lo mismo le va a pasar en el Rapto a millares de evangélicos tibios que están en el Cuerpo, pero perdiendo el vuelo hacia el cielo (Romanos 11:21). Serán "vomitados" por Su boca, dice la Biblia (Apocalipsis 3:16).

Jesucristo *rechaza la tibieza espiritual* en el creyente; a aquéllos que teniendo comezón de oír no sufrirán la sana doctrina (2 Timoteo 4:3-4); que mezclan las cosas sagradas con las del mundo (Santiago 4:4-9); y que sólo ven su riqueza material y se sienten orgullosos hasta de ellos mismos. Pobres y ciegos no pueden ver las cosas espirituales y mucho menos su verdadera condición espiritual. Están tan lejos de lo que en sí deben ser, que Jesús, en el mensaje a la iglesia de Laodicea, se presenta a Sí mismo afuera, tocando a la puerta para ser admitido en la vida de aquellos tibios que se llaman cristianos.

Esa es la tragedia de la apostasía: la ignorancia de la persona contaminada por ella. Por tal motivo, Jesucristo exhorta a los tibios a comprar el colirio del Espíritu Santo, a fin de restaurar su visión espiritual y se den cuenta de que aquí hay que estar convertidos 100%. No es 99.99% es 100%, convertidos en alma, cuerpo y espíritu, de todo corazón con ayuno, lloro y lamento (Joel 2:12). O sea, el Señor en usted y usted *muerto*, muerto al pecado. ¡Aleluya!

La sangre de Jesucristo es el remedio para nuestros pecados, pero ese deseo de seguir nuestro propio camino es un error fatal y el único remedio de Dios para nuestro egoísmo es la CRUZ (Gálatas 5:24). Por ello el apóstol Pablo dijo: *"Con Cristo estoy juntamente crucificado, y ya no vivo yo, mas vive Cristo en mí"* (Gálatas 2:20). Ser cristiano significa identificarnos con Cristo, ser UNO con El, compartir Su muerte y Su resurrección. Para poder resucitar como un nuevo ser en Cristo Jesús, el "yo" en nosotros tiene que morir. Jesús dijo: *"Si el grano de trigo no cae en la tierra y muere queda solo; pero si muere, lleva mucho fruto"* (Juan 12:24).

Es una ventaja que nosotros no vivamos y viva El en nosotros. Si nuestro "yo" llega a vivir, nos perderemos. Ese fue el fracaso de Israel, que quisieron vivir ellos, hacer ellos, imponer ellos su justicia y fracasaron. Lo más triste es que la mayoría de ellos se perdieron. Solamente por amor a Abraham y a hombres como él, fieles a Dios, es que hay promesas para restaurar el pueblo; de otra manera hubieran quedado todos postrados en el desierto. Por este motivo, nosotros tenemos que vivir sabiendo que Dios es bueno, misericordioso, santo; pero no acepta desobediencias. Bendito el Señor Jesucristo.

Asegúrese que Cristo sea número uno en su vida. Primero que el negocio, que el estudio, que los hijos y que cualquier otra actividad. El que prefiera otra cosa aquí, se quedará y se cumplirá lo que dice la Biblia: *"Muchos postreros serán primero"* (Lucas 13:30). Israel fue primero, pero se descuidaron. Se volvieron desobedientes e idólatras y Dios nos puso a nosotros en su lugar. Hoy será igual. Algunos evangélicos vinieron primero, pero se han tornado tibios y mundanos y otros que vinieron último se irán en el Rapto, mientras que ellos serán dejados en la Gran Tribulación.

Estas SEÑALES nos muestran que muy pronto Dios restaurará a Israel estableciendo Su morada en medio de ellos. Pero cuando el Señor descienda para vivir con Su pueblo (Deuteronomio 7:6-8), nosotros vendremos con El porque somos la Esposa del Cordero (Apocalipsis 19:11-14). Ellos son sus buenos "amigos", nosotros LA ESPOSA y la "esposa" es más grande que el "amigo" (Juan 3:29). Por esa razón,

Jesucristo dijo que el más pequeño en el reino de los cielos sería más grande que Juan el Bautista (Mateo 11:11). Juan era Su amigo, pero nosotros somos la *esposa de Jesús*. Si está firme en Cristo, usted es *esposa del Señor*. No se conforme con nada menor, que El nos ha dado lo más grande a nosotros, pues estamos *injertados* a Su Cuerpo aquí abajo.

Siendo el pueblo judío el inequívoco indicador del tiempo de Dios, sabemos que antes de descender a vivir con Israel, Cristo levantará Su Iglesia para el cielo. Lo primero que ocurrirá es el RAPTO DE LA IGLESIA. Es el evento inminente que estamos esperando. Todo está cumplido y nada podrá impedirlo, pues así lo ha decretado el Señor:

"El cielo y la tierra pasarán, pero sus palabras no pasarán"

Mateo 24:35.

CAPITULO 7

LA RECONQUISTA DE JERUSALEN

Al comparar las antiguas profecías sobre las señales de la Segunda Venida de Cristo con las del Nuevo Testamento, encontramos en Lucas, capítulo 21:24, la significativa profecía de Jesús que nos describe el juicio sobre Israel que Oseas profetizó. Muchos años antes, Oseas dijo:*"Jehová,... nos va a desgarrar y nos va a herir"* (Oseas 6:1). De igual modo, Jesús lo dijo en estas palabras:

> *"Y caerán [los judíos] a filo de espada, y serán llevados cautivos a todas las naciones".*

Lucas 21:24

Es decir, que para *desgarrarlos y caer a filo de espada* tendrían que darles muerte de una forma especial y así aconteció.

En el año setenta del primer siglo de la era cristiana, Jerusalén fue rodeada por los romanos, y luego tomada y saqueada, y los judíos llevados cautivos a todas las naciones. Ese fue el primer cumplimiento de la profecía.

Durante el transcurso de la Segunda Guerra Mundial, el gobierno alemán trató de exterminar a todos los judíos. Después que Hitler mandaba a matar a los judíos, los nazis le desollaban la piel para cubrir con ella sus lámparas. En los campos de concentración se les destruía psicológica y físicamente. La muerte les llegaba por falta de alimentación, trabajos físicos que excedían a sus fuerzas naturales y después de soportar las más variadas formas de tortura, estudiadas minuciosamente por sus verdugos. Había en estos campos la barraca de los *experimentos científicos* en las cuales se utilizaban a los judíos como *conejillos de indias* en crueles monstruosidades en nombre de la ciencia.

Por último, los hacían desnudar y entrar en cuartos de duchas, donde en lugar de agua salía gas que mataba simultáneamente a cientos de hombres, mujeres y niños. Sus cuerpos eran conducidos a estas cámaras de gas *por judíos y eran judíos* los que retiraban los cadáveres y limpiaban la cámara para la próxima ejecución. Unos 6,000,000 de judíos fueron muertos en estos campos de exterminio, pero Cristo dijo que así ocurriría. *"Y caerán a filo de espada, y serán llevados cautivos a todas las naciones"* (Lucas 21:24). Tanto la profecía de Oseas, como las Palabras de Jesús, inspiradas por el Espíritu Santo, se han cumplido literalmente.

LOS TIEMPOS DE LOS GENTILES

Pero el Señor también dijo que Jerusalén sería hollada de las gentes (Lucas 21:24). Así fue, pues ellos también estuvieron bajo el dominio de los romanos, los árabes y los turcos. Jesús dijo que esto sería hasta que el tiempo de las gentes se hubiese cumplido. Esto implica que vendría el tiempo en que Jerusalén ya no sería hollada por las gentes y que volvería a las manos de los judíos. ¿Se cumplió esto?

Los judíos regresaron en masa a tierra de Israel en 1947, y en 1948 se establecieron como República, con Tel-Aviv como capital, pero no pudieron reconquistar a Jerusalén y ésta permaneció en manos de los árabes. Pero Cristo dijo, que vendría el tiempo en que ya no sería hollada por las gentes, o sea, *que sería reconquistada por los judíos.* El añadió que cuando viéramos esto EL TIEMPO DE LAS GENTES SE HABRA CUMPLIDO.

Al comenzar la década del sesenta esto no se había cumplido. Pero, de repente, en 1967, en el vigésimo año de la fundación del estado de Israel, hubo una guerra relámpago y en sólo seis días, los hijos de Israel *reconquistaron y tomaron la ciudad* a los árabes, cumpliéndose literalmente lo que Cristo dijo:

"Jerusalén será hollada por las gentes, hasta que los tiempos de los gentiles se hayan cumplido".

Lucas 21:24

Fue un milagro increíble que en sólo seis días los judíos le pudieran quitar la vieja ciudad de Jerusalén a los árabes. ¿Cómo podemos explicar este evento sobrenatural? Sencillamente el tiempo se había cumplido y Dios tenía que hacer realidad las palabras de Jesús de que Jerusalén sería reconquistada. Además, no era una guerra cualquiera, era una guerra de Dios que estaba escrita en la Biblia hace miles de años atrás.

Sobre este evento maravilloso, el profeta Zacarías dice:

"Y los capitanes de Judá dirán en su corazón: Tienen fuerza los habitantes de Jerusalén en Jehová de los ejércitos, Su Dios. En aquel día pondré a los capitanes de Judá como brasero de fuego entre leña, y como antorcha ardiendo entre gavillas; y consumirán a diestra y siniestra a todos los pueblos alrededor; y Jerusalén será otra vez habitada en su lugar, en Jerusalén".

Zacarías 12:5-6

La Biblia en forma clara profetiza que vendría el día en que los judíos reconquistarían la vieja ciudad. Ese día fue el 7 de junio de 1967, cuando la ciudad de Jerusalén finalmente fue devuelta a la nación de Israel.

DIOS LUCHA POR ISRAEL

En Zacarías 12:8, el profeta dijo:

"En aquel día Jehová defenderá al morador de Jerusalén, y el más débil entre ellos será como David. Y la casa de David como Dios, como el ángel de Jehová delante de ellos".

Esta profecía le muestra porqué la guerra duró sólo seis días y los árabes huyeron, y muchas armas fueron dejadas en el desierto. La Biblia enseña, que no fue cosa del poderío militar de Israel, sino que Dios iba al frente de los judíos y les daba la fortaleza para una victoria rápida y decisiva. Dios los movió en forma tan sobrenatural a derecha e izquierda, que los árabes, gente valiente y de guerra, con las armas más modernas de nuestra época, no pudieron resistir a los israelitas. Era Su guerra y llegó el momento de confirmar que *todo estaba cumplido* y que Cristo estaba a punto de volver a la tierra por segunda vez.

Su movimiento sobrenatural hizo que en esta guerra del 1967, muchos judíos volvieran de los campos de batalla convertidos y relatando que, en situaciones difíciles, tan tremenda fue la intervención de Dios, que pudieron ver cuando el ángel de Jehová iba al frente del ejército de Israel. Pues cuando ya se había perdido toda esperanza de sobrevivir, *"un varón vestido de blanco apareció por algunos segundos entre las líneas y tomando por sorpresa a sus enemigos les hicieron huir en desbandada".*¡Gloria a Dios!

El ángel de Jehová era una intervención de Dios, en una forma visible, en los días del Antiguo Testamento. Así mismo pelea Dios a favor de todos los que tienen a Cristo en esta tierra. El Salmo 34:7 dice: *El ángel de Jehová acampa alrededor de los que le temen, y les defiende".* Los que temen a Dios aceptan a Cristo y viven para El y son limpios en Su sangre y llenos del Espíritu Santo. A ésos, Dios les defiende y pelea por ellos.

También el profeta nos dice que para esta guerra en reconquista de Jerusalén, el más débil entre los israelitas sería como David. ¿Y quién era David? La Biblia nos muestra que David era el guerrero más valiente que tuvo Israel y que mataba sus 10,000 miles en una batalla (1 Samuel 18:7). Entonces, si el más débil era así, ¿cómo sería el más fuerte? Dios puso a los hijos de Israel como braseros de fuego en medio de la leña, y como antorcha encendida entre gavillas. Dios le dio la victoria a Israel y se cumplieron las palabras del profeta Zacarías:

> *"Y Jerusalén será otra vez habitada en su lugar, en Jerusalén"*

> Zacarías 12:6

En la guerra de los seis días se cumplió esto, y Jerusalén fue reconquistada como señal tremenda de que el tiempo se ha cumplido. ¡Gloria a Dios!

Al tomar nuevamente Jerusalén, los judíos estaban eufóricos, porque al fin volvían a ser dueños de la antigua Jerusalén, el alma misma del pueblo judío; y del muro de las Lamentaciones, los restos del antiguo Templo, restaurado por Herodes en los tiempos de Jesús. Ese muro es el símbolo de la unidad de los judíos como raza, y de sus antiguos vínculos con Dios. Hasta los soldados más endurecidos por la batalla lloraron cuando se aproximaron al muro por primera vez y al tocarlo han sentido la sensación de que por fin han regresado a su hogar. El general Moshe Dayan dijo ante el muro de las Lamentaciones: *"Hemos regresado al más santo de nuestros lugares, para nunca jamás volver a abandonarlo"*.

Aunque muchos han protestado y han querido echarlos fuera de su tierra, nadie *ha podido ni podrá moverlos de su lugar.* Ya Jerusalén no está en manos de las gentes, nuevamente está en manos del pueblo judío y como la capital de la nueva nación de Israel. Lo dice la Biblia en Zacarías 12:9:

"Y en aquel día yo procuraré destruir a todas las naciones que vinieren contra Jerusalén".

Además, en Amos 9:14-15 dice:

"Y traeré del cautiverio a mi pueblo Israel, y edificarán ellos las ciudades asoladas, y las habitarán; plantarán viñas, y beberán el vino de ellas, y harán huertos, y comerán el fruto de ellos. Pues los plantaré sobre su tierra, y nunca más serán arrancados de su tierra que yo les di, ha dicho Jehová Dios tuyo".

Dios los ha traído y El los mantendrá ahí, pues es SEÑAL de los últimos días.

Así como se ha cumplido en forma maravillosa esta profecía de la Biblia, así también se cumplirá toda la Escritura. Pronto vendrá a cumplimiento una de las profecías más importantes de la Palabra; que CRISTO VUELVE OTRA VEZ A LA TIERRA y establecerá aquí Su Reino glorioso de paz y justicia. Esta guerra es una de las grandes señales de los tiempos indicando a la humanidad que el fin se acerca y que ante los ojos de Dios y en el tiempo de Dios TODO ESTA CUMPLIDO. Amén.

CAPITULO 8

LA CONQUISTA DE LA LUNA

Según el tiempo avanza las profecías han ido cumpliéndose una tras otra simultáneamente. El profeta Abdías, en el versículo 4 dice: *"Si te remontares cual águila, y pusieres tu nido entre las estrellas, de allí Yo te derribaré, dice Jehová el Señor"*. Aunque Abdías predice que los hombres se remontarían cual águila y pondrían su nido (facilidades de vida) en las estrellas, o sea, que subirían a los astros, lanza también una amonestación: Si lo hacen, dijo el Señor, de ahí los derribaré. Es decir, que juicio caería sobre el hombre.

Cuando viéramos que los hombres se remonten como águilas alcanzando la cumbre de los cielos, esta profecía sería una de las grandes señales de que estamos en los días en que los juicios de Dios estarían a punto de caer. Los juicios más grandes que jamás se han visto caerán sobre la humanidad pecadora. Y cuando estos juicios caigan, no les va a quedar ni recuerdo de los artefactos que pusieron en la luna y el espacio. Sin embargo, antes de que esos juicios caigan, Cristo levantará y librará Su pueblo. Y, aunque los científicos, después de la conquista de la Luna, intenten aterrizar en el planeta Marte, es el *ejército de Jesucristo* el que pasará por Marte hasta el mismísimo trono de Dios, en el tercer Cielo.

Pasaremos tan ligero que no tendremos tiempo para detenernos en Marte, ni ver el Sol. Subiremos aprisa porque vamos para una boda, las BODAS DEL CORDERO, para la cual *todo está ya preparado* (Apocalipsis 19:1-10).

El libro de Apocalipsis nos dice, que al llegar nos pondrán arpas en las manos y participaremos en una fiesta de alabanza frente al trono (Apocalipsis 5:8-14). Muchos de nosotros que no tenemos el arte para tocar ni un güiro puertorriqueño, vamos a tocar arpas para el Señor en ese día que viene. Y aun aquéllos que no tienen talento para cantar, en ese día levantaremos nuestra voz mejor que los tenores más destacados de la tierra y cantaremos cántico nuevo al Cordero frente al trono de Dios. En ese momento, cuando todo el pueblo de Dios esté cantando el CANTICO DE LOS REDIMIDOS, millares y millares de ángeles aparecerán y se unirán a nosotros y todos a gran voz cantaremos a Jesús (Apocalipsis 5:11-14).

LA ERA ESPACIAL

Abdías profetizó: *"Si te remontaras cual águila..."* (Abdías 4). En el año 1969, la misión que puso a los astronautas norteamericanos en la Luna se llamaba *"Misión el Aguila"* ¡Qué tremendo! Nunca olvido cuando en los días de la conquista de la Luna, la primera plana del periódico en Puerto Rico, día tras día traía una enorme águila con sus patas extendidas sobre la superficie de la Luna, mientras el "Apolo 11" iba remontándose.

Cada vez que observaba esta noticia, el Espíritu Santo me hablaba: *"Abdías, lee Abdías"*. Al leer la poderosa Palabra de Dios entendí que el alunizaje de los hombres trajo a cumplimiento la profecía de Abdías en forma literal. Exactamente como estaba viendo en los periódicos de esos días, leía: *"Si te remontares cual águila* (ese era el nombre de la misión) *y pongas tu nido entre las estrellas* (la Luna está allá arriba, como las estrellas, fuera de la atmósfera terrestre), *de allá te derribaré, dice Jehová el Señor"* (Abdías 4). Ahora sólo esperamos que en cualquier momento, la IRA DE DIOS descienda sobre las naciones.

La conquista de la Luna ha sido el logro científico más grande de todas las épocas. Los hombres alunizaron en su nave espacial, el Apollo 11, y establecieron comunicación con la Tierra. La Luna quedó unida a la Tierra por medio de las comunicaciones radiales y las trasmisiones de televisión. Ha sido algo semejante a una enorme torre cuya cumbre ha alcanzado los cielos. Dios me ha mostrado que esta es la moderna Torre de Babel. En el libro de Génesis 11:4 la Biblia dice:

"Y dijeron pues: vamos, edifiquemos una ciudad y una torre, cuya çumbre llegue hasta el cielo..."

Ahora, ante nuestros propios ojos el hombre ha logrado alcanzar las grandes alturas y poner sus pies sobre uno de los cuerpos celestiales. Es la moderna torre de Babel que ha sido edificada. Además, el Señor me mostró en aquellos días del alunizaje, que estaba profetizado en la Biblia que los hombres llegarían a la Luna y por consiguiente nadie lo podría evitar. En Génesis 11:6 nos dice:

"Y dijo Jehová: He aquí el pueblo es uno, y todos tienen un solo lenguaje, y han comenzado la obra, y nada les hará desistir ahora de lo que han pensado hacer".

El Señor mismo dijo bien claro que nada podría ya impedir que los hombres completaran su designio de alcanzar la cumbre de los cielos. Tarde o temprano lo lograrían y ante nuestros propios ojos lo lograron en 1969 y después de esto HAN SEGUIDO subiendo allá e instalando instrumentos científicos que han mantenido la comunicación entre la Tierra y el espacio sideral.

Hoy, nuestra sociedad está entrelazada mediante satélites. De ellos nos valemos para nuestras comunicaciones instantáneas, la vigilancia del clima, estudio de las cosechas, vigilancia militar y otros. Mediante la tecnología espacial militar, los

71

satélites pueden localizar los movimientos de misiles balísticos movibles, la posición exacta de submarinos bajo el agua, e inclusive permiten que los misiles crucero viajen hacia sus objetivos guiados por mapas digitales con información de los blancos transmitida *desde los satélites*. Actualmente, hay alrededor de 10,000 objetos (cohetes y satélites) lanzados por el hombre en órbita alrededor de la Tierra. Además, sorprenden los logros conseguidos por los soviéticos. La única nave espacial tripulada que hoy se encuentra en órbita en torno a la Tierra es la estación espacial soviética "MIR". Y pronto los satélites soviéticos darán comienzo a un estudio de tres meses, por control remoto, de la superficie y la atmósfera de Marte.También Europa Occidental, Japón, China e India están desarrollando su capacidad espacial. Todas estas naciones tienen planes expansionistas en el espacio y están elaborando sus propios cohetes y satélites. Es la moderna torre de Babel. Los hombres han logrado su propósito como Dios profetizó y el juicio de Dios viene pronto sobre los pueblos, pues todo lo que el hombre hace de espaldas a Dios le sale mal.

LOS JUICIOS DE DIOS

No fue casualidad que los hombres le llamaran APOLO a la nave espacial que llegó a la Luna. Apolo es el nombre de uno de los dioses falsos de la mitología griega. Es un nombre satánico que nos muestra que la conquista de la Luna no era plan de Dios sino un engaño del diablo para hacer que el hombre cayera en el juicio de Dios.

En su nave con el nombre de un dios falso, los hombres se remontaron y llegaron a la Luna. Iban de espalda a Dios y en franca desobediencia al Hacedor del Universo, pues el Señor dice claramente en Su Palabra:

"Los cielos son los cielos de Jehová; y ha dado la tierra a los hijos de los hombres".

Salmo 115:16

La conquista de la Luna es una de las grandes SEÑALES de los tiempos de que los juicios de Dios están a punto de caer y que la nación de los Estados Unidos de América será visitada EN IRA en forma especial. Entiende que así como Norte América caerá bajo los juicios de Dios, así mismo todos los pecadores caerán. Los mentirosos caerán, los ladrones caerán, los hechiceros caerán, y los idólatras caerán y así mismo la mayor parte de la humanidad que vive apartada de Dios. Sin embargo, *antes* de que los juicios caigan, Cristo levantará y librará Su pueblo de la IRA DE DIOS.

Génesis 11:,. nos muestra el juicio que vino en los días de Babel por causa de la rebelión del hombre. La Biblia dice:

"Ahora pues, descendamos, y confundamos allí su lengua, para que ninguno entienda el habla de su compañero".

Dios descendió y les confundió las lenguas. La gente no entendía lo que hablaban y fueron esparcidos por toda la tierra. Por lo que fracasó la empresa gigante de construir una torre cuya cúspide alcanzara el cielo (Génesis 11:4).

Ahora, ¿en qué ha quedado aquel poderoso esfuerzo de los Estados Unidos por conquistar el espacio? Después que los norteamericanos ganaron la carrera espacial en 1969, hubo drásticamente un cambio en las prioridades nacionales. Tanto el público como el congreso perdieron el interés por el espacio. Por muchos años el programa espacial norteamericano permaneció varado en tierra y la NASA, que antes estuvo dirigida por hombres *con un propósito y una visión*, perdió todo su resplandor. Por lo cual, el mundo dejó de mirar hacia los Estados Unidos como el abanderado en la conquista del espacio.

¿Qué ha ocurrido? Hay una razón profunda y básica que explica el malestar, las contradicciones, la confusión y la pérdida de prestigio en lo que se refiere al programa espacial de los Estados Unidos: *Los juicios de Dios son ineludibles.* Cuán perfectamente la Biblia describe el programa espacial:

"Aunque cavasen hasta el Seol, de allá los tomará mi mano; y aunque subieren hasta el cielo, de allá los haré descender"

Amós 9:2

Dios había amonestado al hombre que si subía a las estrellas Su juicio caería sobre él. El hombre en desobediencia ha subido a las cumbres de los cielos y su programa espacial será interrumpido como lo fue la torre de Babel. Sólo el juicio terrible de Dios aguarda en breve a esta tierra impía.

LA CAIDA DEL CHALLENGER

Dios está advirtiendo de los juicios a toda la humanidad, pero una de las SEÑALES más solemnes ha venido sobre Norteamérica, cuando el 28 de enero de 1986, el transbordador espacial "Challenger" (Retador), segundos después de ser lanzado, estalló y cayó al Atlántico en mil pedazos. Sus siete tripulantes murieron y el país se vio obligado a reexaminar seriamente todo su programa espacial. Aquella mañana, el prestigio y el orgullo de los Estados Unidos sufrieron un serio revés. Se supo que la caída del Challenger obviamente fue responsabilidad de la NASA, por descuidar desperfectos técnicos. El Challenger no falló por falta de contacto ni salida del rumbo, sino por un serio defecto en la nave misma: una pequeñita arandela de caucho no resistía el frío, se partió y dejó escapar una fatal filtración de combustible que, encendido por los reactores, hizo explotar todo el aparato.

Después de esta desgracia, prácticamente todos los vuelos mediante naves espaciales y misiones espaciales secretas quedaron paralizados. Dios ADVIERTE a toda la humanidad y en especial a Norteamérica, de que EL TIEMPO DEL FIN DE TODAS LAS COSAS ESTA A LA MANO. *"Si te remontares cual águila, aunque entre las estrellas pusieres tu nido, de ahí yo te derribaré, dice Jehová, el Señor".* (Abdías 4).

74

El programa espacial norteamericano sufrió su TERCER revés cuando un cohete "Delta", sin tripulación, perdió repentinamente su empuje, 71 segundos después del despegue en Cabo Cañaveral, alejándose de su trayectoria y teniendo que ser destruido por señales de radio. El cohete tenía por misión transportar hacia el universo un satélite meteorológico por un valor de 57.5 millones de dólares. Fue el tercer accidente desde la catástrofe de la nave espacial "Challenger". Dos semanas antes, por causas desconocidas, había estallado un cohete "Titán" poco después de su lanzamiento en California.

La Biblia dice: *"Ahora pues, descendamos, y confundamos allí su lengua, para que ninguno entienda el habla de su compañero"* (Génesis 11:7). Así como esta serie de accidentes dejaron la industria espacial en un caos total, Dios está ahora a *punto de confundir* la humanidad como nunca antes se ha visto. La confusión más grande que jamás se ha visto pronto invadirá toda la tierra. ¿Qué va a hacer Dios? El Señor va a levantar Su pueblo hacia el cielo. Miles súbitamente desaparecerán. La confusión será increíble.

Estamos en días semejantes a los de la rebelión de Babel. El hombre ha llegado a la Luna alcanzando las cumbres de los cielos. Ha sido un gran logro científico pero se han movido de espaldas a Dios (Jeremías 2:27). Por lo tanto, toda la potestad de los hombres, todo el imperio de las naciones, será derribado y hecho pedazos por los Juicios que vienen. Pero los creyentes de Jesucristo brillarán como las estrellas por la eternidad (Daniel 12:3).

SEAMOS SANTOS

Por lo tanto, pídale a Dios que le ayude, lo prepare y santifique plenamente en espíritu, alma y cuerpo para Su venida. Si quiere salvarse tiene que vivir santa y limpiamente delante de Dios. Por eso, en 1 Tesalonicenses 5:23, Pablo dijo:

"Que el propio Dios de la paz os santifique en todo; para que vuestro espíritu y alma, y cuerpo sean guardados enteros, sin reprensión para la venida de nuestro Señor Jesucristo".

Este versículo es clave. Ore diariamente sobre él y recuérdele a Dios Su Palabra, porque usted con su fuerza no lo podrá lograr.

Observe cómo nos habla el apóstol Pablo: *"Que el propio Dios de la paz..."* En palabras sencillas es Dios mismo quien tiene que santificarnos plenamente en espíritu, alma y cuerpo, para que podamos ser encontrados *irreprensibles* para la venida del Señor. De modo que los que se van en el Rapto son gente irreprensible, dignos de escapar y de quien Dios no tenga nada que decir.

Si queremos irnos con Cristo en el Rapto que viene, Dios tiene que limpiarnos por *dentro* (espíritu y alma) y por fuera (cuerpo). Tenemos que ser cambiados totalmente por Dios para poder ser salvos. NO es para cualquier lugar hacia donde vamos, sino que vamos para el mismísimo trono de Dios. Es por esto que usted tiene que mostrarle a Dios su interés, reclamárselo a Dios y perseverar en la oración hasta ser plenamente atendido, como peleó Jacob con el ángel. Clame: "Hasta que no me limpies por dentro, que yo sienta mis anhelos puros y limpios; que sienta mi espíritu manso, lleno de amor, no estaré tranquilo. Señor, Tú tienes que hacerlo, YO NO PUEDO, pero TU PUEDES y YO QUIERO que lo hagas". Tenemos que estar en esa lucha porque sabemos que estamos a punto de volar para el cielo y los tibios no se van, quedarán fuera en ese momento terrible que se acerca.

Algunos dicen que lo único que Dios busca es el corazón del hombre y que lo de afuera no tiene importancia. Eso es una mentira y es antibíblico. Cristo dijo: "Límpiese primero el interior del vaso y también se limpiará el exterior" (Mateo 23:26). Por lo que el apóstol nos indica que Dios demanda SANTIDAD EN NUESTRA PERSONA TOTAL. Sabemos que lo de adentro, nuestro hombre interior, es lo más importante, pues es lo eterno. Pero eso no quiere decir que la Santidad del cuerpo no tenga importancia. Lo de afuera también tiene su importancia. La Biblia habla de santidad externa en forma clara (1 Timoteo 2:9; 1 Pedro 3:3; 1 Corintios 11:14-16; Deuteronomio 22:5). Además, el Señor demanda obediencia a Su Palabra y, como consecuencia, usted tendrá que limpiarse por fuera. Hágalo y verá como Dios empezará a obrar en usted en todo sentido. Haga su parte que Dios no fallará en hacer la Suya y en ese día glorioso que se acerca volará con Cristo para el cielo.

Amigo, usted también puede ser levantado, sólo considere su relación personal con Jesucristo, ahora. Sólo Cristo es el refugio que Dios ha puesto para esta humanidad actual. Sin Cristo sólo una horrenda expectación de juicio y de muerte espera a la humanidad. Venga a El y sálvese. Pronto la puerta será cerrada.

La Biblia dice: *"Mas vosotros, hermanos, no estáis en tinieblas para que ese día os sorprenda como ladrón"* (1 Tesalonicenses 5:4). Que cuando suene esa trompeta usted esté alerta, esperando, porque no sabemos el día ni la hora. Pero, sí sabemos por medio de todas estas SEÑALES que está a punto de suceder. Por lo tanto, no se canse ni se duerma. Hay que estar asidos de Cristo, saturados de Su luz porque el RAPTO DE LA IGLESIA es el momento más dramático, final y decisivo que jamás habrá vivido la humanidad.

"Despiértate tú que duermes; levántate de entre los muertos y la luz de Cristo te iluminará".

Efesios 5:14

CAPITULO 9

LAS POTENCIAS DE LOS CIELOS CONMOVIDAS

Jesucristo profetizó:

"Desfallecerán los hombres por el temor y la expectación de las cosas que vendrán en la tierra porque las potencias de los cielos serán conmovidas. Y, entonces verán al Hijo del Hombre, viniendo en una nube con poder y gloria grande"

Lucas 21:26-27

Esta es una de las profecías clásicas como SEÑAL de que el Señor estaría a punto de volver. ¿Se ha cumplido eso?

Cuando comenzó este siglo, aún no se había visto que los cielos se conmovieran. Sin embargo, en la década del cuarenta, Dios lanzó una gran advertencia a toda la humanidad de que los últimos días habían llegado. Cuando en esa década comenzó la Segunda Guerra Mundial, todavía no se había cumplido esta profecía. Pero, en esos días trágicos de este conflicto, los Estados Unidos lanzó la primera bomba atómica que explotó a kilómetros de altura. La conmoción fue tan terrible que la ciudad de Hiroshima prácticamente se vaporizó. Casi 100,000 personas fueron destruidas. Era la primera explosión nuclear atómica y los *cielos se conmovieron* en forma violenta y sobrenatural en todas direcciones cumpliendo la profecía de Jesús.

Lo más impresionante del asunto es lo literal de este cumplimiento profético. Jesús dijo: *"Porque las potencias de los cielos serán conmovidas"* (Lucas 21:26). En el original griego, la palabra "cielos" lee *"ouranon"*, que significa "uranio". De ese elemento específico se sacó la bomba atómica que conmovió los cielos e hizo pedazos a Hiroshima y acabó con la Segunda Guerra Mundial. Es como si Cristo hubiera dicho: "Cuando las potencias del "uranio" fueren conmovidas, entiendan que están en LOS DIAS EN QUE YO ESTOY A PUNTO DE VOLVER". Además, El añadió:

> *"Cuando estas cosas comiencen a ocurrir, erguíos y levantad vuestras cabezas, porque vuestra redención está cerca".*

> Lucas 21:28

La explosión de la bomba atómica sobre Japón fue sólo una advertencia solemne de Dios a la humanidad de que EL FIN SE ACERCA Y CRISTO VIENE PRONTO OTRA VEZ A LA TIERRA.

En la década del cincuenta, Rusia comunista descubrió la bomba de hidrógeno, cuya potencia puede desgarrar la corteza de la tierra y desaparecer literalmente ciudades enteras, tales como la gran ciudad de Nueva York o Chicago. La llamaron "la bomba infernal". Al descubrir esta bomba increíble el hombre tenía en sus manos el instrumento para matar toda la población del mundo. Además, con cada explosión de prueba *volvieron a conmover* nuevamente el espacio.

Durante el desarrollo de esta bomba, la población civil de los alrededores fue sacrificada sin escrúpulos en la gran catástrofe de Kishtim en el borde oriental del Ural, ocurrida en el año 1957-58. Tres mil seiscientos científicos murieron por la *contaminación* de rayos, y otros 44,000 contrajeron enfermedades ocasionadas por la radiación. Pero lo más terrible de esto es que en la región de Kishtim, unos treinta pueblos quedaron literalmente borrados del mapa. La región afectada abarcó aproximadamente 2000 a 3000 kilómetros cuadrados. Las consecuencias fueron mucho mayores que las ocasionadas por el lanzamiento de las bombas norteamericanas sobre Hiroshima y Nagasaki en agosto del año 1945.

El escenario está ahora preparado para la Gran Tribulación profetizada por Jesús. El descubrimiento de la bomba de hidrógeno fue una nueva advertencia solemne de Dios de que EL FIN SE ACERCA y la puerta está a punto de cerrarse. Es la época de buscar a Dios de todo corazón.

Son días decisivos y peligrosos para toda la humanidad pero, "Los que confían en Jehová son como el Monte de Sion, que no se mueve, sino que permanece para siempre" (Salmo 125:1). ¡Aleluya! Por lo tanto, "Deje el impío su camino, y el hombre inicuo sus pensamientos y vuélvase a Jehová, el cual tendrá de él misericordia" (Isaías 55:7). Es decir, que es necesario que el pecador se arrepienta de sus maldades y se convierta de corazón a Jesucristo, pues sólo de esa manera podrá escapar de la ira de Dios que viene sobre los pueblos.

No fue casualidad que Rusia comunista fuese la que descubrió la bomba de hidrógeno. Con el invento de esa bomba, Rusia logró prestigio mundial y por la fuerza se anexó a varias naciones, formando un imperio militar poderoso y enemigo de Dios. Lo grande de esto es, que el profeta Ezequiel, 38:15-16, dice que al norte de Israel aparecería un poderío militar terrible, y la Biblia dice que eso sería en los últimos días.

Esto muestra que el auge del comunismo es una SEÑAL de los tiempos que muestra a la humanidad que el fin se acerca. Al observar el crecimiento militar terrible de Rusia se entiende que es una advertencia solemne de Dios de que estamos en los últimos días y es necesario arrepentirse y tornarse a Cristo para escapar de la IRA DE DIOS.

Desde la década del sesenta en adelante, también los poderosos motores de las naves espaciales han hecho temblar los cielos y la estratosfera continuamente. ¡Sea bendito el Nombre de Jesucristo!

CONSECUENCIAS POSTERIORES EN TODA LA ATMOSFERA

Hace cuarenta y tres años, cuando los científicos lograron en forma práctica, por primera vez, liberar y transformar en energía el poder atómico mediante la división del átomo, no estaban aún conscientes en aquel entonces del peligro de la *radiactividad*. Nadie pensaba en la muerte ni en ningún tipo de consecuencias secundarias, cuando el 16 de julio de 1945 se hizo estallar en el desierto de Nuevo México, la primera bomba atómica. Muchos científicos, militares y políticos, que observaron el espectáculo a escasos tres kilómetros de distancia del lugar de la explosión, murieron de cáncer años después. En 1951 cientos de soldados norteamericanos fueron testigos oculares de una prueba atómica en el aire, desde una distancia relativamente corta; 77 por ciento de los soldados de esa unidad enfermaron posteriormente de cáncer o murieron a raíz de ello. Y eso a pesar de que la cantidad máxima de radiación en esa ocasión fue solamente de 200 a 400 rem (unidad de radiación). En contraste, cuando comenzaron a arder los conductores de calor de los bloques de grafito del reactor ruso, produciéndose de esta forma el fuego atómico de Chernobyl, la radiactividad alcanzó, según los cálculos de científicos norteamericanos, un valor de por lo menos 2,000 rem por hora. Esto equivale a una cantidad de cinco a diez veces más alta que la de los ensayos de bombas atómicas de los Estados Unidos en el comienzo de los años cincuenta.

EFECTOS SECUNDARIOS DE CHERNOBYL

Este desastre nuclear soviético sin precedentes, ocurrido en Kiev, la tercera ciudad más grande de la Unión Soviética y sólo a setenta millas del reactor afectado, expuso a millares de ciudadanos soviéticos y de otros países a altos niveles de radiación. Por lo que los científicos afirman que decenas de miles de personas morirán de cáncer durante las próximas décadas a consecuencia de las radiaciones emanadas de la central nuclear Chernobyl. Grandes extensiones de tierra durante años y aun décadas, resultarán dañinas para cualquiera que viva allí y no podrán ser utilizadas para la agricultura debido a la radiación.

Pero peor aún, la fatal nube proveniente de la lejana Ucrania, ha dejado en Europa no sólo partículas de yodo 131 que se desintegran en forma relativamente rápida, sino también una gran cantidad de nucleones altamente venenosos que se han acumulado sobre el suelo agrícola y que por un tiempo inimaginable, seguirán emitiendo radiación. Científicos y médicos nos informan que el yodo radioactivo se deposita en la tierra y en las plantas, lo comen las vacas y aparece rápidamente en la leche. Una vez ingerido se acumula en la glándula tiroides y podría destruir el tejido de ésta y producir al final nódulos tiroidales y hasta cáncer. El *cesio* es amenazador porque sigue produciendo radiación durante décadas después de haber sido asimilado por los tejidos humanos.

Una preocupación mayor en torno al accidente de Chernobyl no es tan solo las cosechas y la destrucción de los productos agrícolas contaminados, sino el *agua radioactiva* que se filtra hasta el nivel del agua subterránea y contamina el agua potable y el río Dnieper que fluye de la reserva y hacia el sur al Mar Negro. Según la radiación cae a la tierra no sólo las cosechas y los productos agrícolas quedan contaminados, sino también los ríos, lagos y las reservas de agua potable en muchos lugares.

Lo sorprendente de este asunto es que en el diccionario ucranio la palabra "chernobyl" quiere decir, *ajenjo*. El ajenjo es lo más amargo de lo amargo. Y lo amargo equivale generalmente a "venenoso". Es decir, que son también materias venenosas las que abarcan en sí esta *planta de ajenjo*, ese

83

Chernobyl, contaminando ríos y fuentes en muchos lugares. Esta situación es el precumplimiento de Apocalipsis 8:10-11:

> *"El tercer ángel tocó la trompeta, y cayó del cielo una gran estrella, ardiendo como una antorcha y cayó sobre la tercera parte de los ríos, y sobre las fuentes de las aguas. Y el nombre de la estrella es ajenjo* [Chernobyl]. *Y la tercera parte de las aguas se convirtió en ajenjo; y muchos hombres murieron a causa de esas aguas, porque se hicieron amargas"* [o sea, radiactivas].

Realmente, Dios está advirtiendo a los justos, como también a los impíos, para que despierten y se arrepientan, pues ya no falta mucho para que estemos con Jesús. Chernobyl nos dice, que esta creciente contaminación atómica es más bien imposible de detener. Pero, también, esta catástrofe que conmovió a todo el mundo a fines de abril de 1986, es una señal del *tiempo del fin,* que le grita a la humanidad que CRISTO VIENE y que los juicios de Dios están a punto de arrasar la tierra y los pecadores.

Aunque las autoridades trataron de tranquilizar a la población, tanto en Suecia, Noruega, Finlandia y Dinamarca, la existencia de yodo para combatir las radiaciones se agotaron en cuestión de horas en las farmacias. Es decir, que desde Chernobyl aumentó en la humanidad el temor a la contaminación, causada por la radiación y la desesperación al estar frente a una catástrofe que amenaza su vida, o sea, el miedo al cáncer. En Lucas:26-27 Jesucristo dijo de nuestros días:

> *"Desfallecerán los hombres por el temor y la expectación de las cosas que vendrán en la tierra; porque las potencias de los cielos serán conmovidas"*

Es la situación que vivimos en la actualidad. Las potencias de los cielos conmovidas le gritan a la humanidad que CRISTO VIENE y es necesario prepararse para escapar de las cosas que van a suceder.

Antes de la era nuclear nunca hubo amenaza de borrar toda la humanidad de la tierra. En cambio, los arsenales nucleares que hoy existen bastarían para matar de una vez a toda la población del mundo. En caso de una guerra mundial esas bombas serán usadas y cohetes teledirigidos se moverían hacia las grandes naciones con sus cargas infernales. Los científicos dicen que será un *suicidio mundial* dado el poderío nuclear que poseen actualmente las naciones, y la mortal lluvia radioactiva que provocarán las explosiones hidrógenas. Cristo dijo que vendría una tribulación como nunca antes se vio ni se verá jamás y si estos días no fueren acortados *nadie sería salvo* (Mateo 24:21). La Biblia y la ciencia están de acuerdo sobre esta tragedia terrible que se acerca.

Esa Tercera Guerra Mundial viene. No hay quien lo impida. Está profetizado en la Biblia que todas las naciones se reunirán en tierra de Israel para la gran batalla de Armagedón (Apocalipsis 16:13-16). Además, desde hace 20 años Israel es la sexta potencia atómica del mundo. Israel dispone de por lo menos 100 armas nucleares del más variado poder destructivo. Resulta evidente que el armamento nuclear de Israel es una señal de que la ira de Dios está a punto de caer sobre los pueblos. Ciertamente el mundo está al borde una catástrofe. Cristo dijo: *"Cuando veáis estas cosas sabed que estoy cerca, a las puertas"* (Mateo 24:33). Todo es SEÑAL inequívoca de que estamos en el tiempo del RETORNO DE CRISTO.

¡VEN HOY A CRISTO!

La situación mundial irá de mal en peor hasta que el espectro terrible de guerra nuclear absorba los pueblos. CRISTO ES LA RESPUESTA. En las últimas décadas Dios ha estado advirtiendo a la humanidad que *el fin se acerca*. Ha lanzado advertencias solemnes a los pueblos para que se arrepientan y se aparten de sus malos caminos, pues pronto los juicios vienen y esta tierra va a saber lo que es la IRA DEL ALTISIMO. Multitudes se perderán.

Haga usted lo que dice la Biblia y escape por su vida. Prepárese hermano, para el encuentro con su Dios. Caliéntese bien. Llénese del Espíritu Santo. Coma y beba de Dios en este tiempo final, peligroso y decisivo para que esté preparado. Amigo, VENGA A CRISTO. No espere más. Pronto será tarde para su alma. Sólo Dios puede salvarle, pero para tener a Dios tiene que venir a Cristo. Cristo es el camino que lleva hacia Dios y fuera de El no hay salvación.

CAPITULO 10

TEMBLARA LA TIERRA, EL MAR Y LAS NACIONES

Conforme a lo que Cristo profetizó en el capítulo anterior, el profeta Hageo, dijo:

"Porque así dice Jehová de los ejércitos: De aquí a poco yo haré temblar los cielos y la tierra, el mar y la tierra seca; y haré temblar a todas las naciones, y vendrá el Deseado de todas las naciones"

Hageo 2:6-7

¡Es maravilloso ver cómo la Biblia profetiza los eventos miles de años antes de que estos ocurran! Esta profecía nos muestra que Dios advertiría a la humanidad del retorno de Cristo, porque para los días de Su venida estarían temblando los cielos, la tierra, el mar y las gentes en las naciones.

Cristo dijo: *"Escudriñad las Escrituras, porque a vosotros os parece que en ellas tenéis la vida eterna"* (Juan 5:39). Es decisivo que usted lea la Biblia y medite en ella puesto que esta Palabra es VIDA, potencia de Dios para salud. Si un secreto grande hay para estar preparados para el Rapto es leer esa Palabra y vivir por ella.

Cuando Dios envió a Josué a conquistar la Tierra Prometida, le dijo:

"Nunca se apartará de tu boca este libro de la ley, sino que de día y de noche meditarás en él, para que guardes y hagas conforme a todo lo que en él está escrito".

Josué 1:8

"No te apartes de ella ni a diestra ni a siniestra, para que seas prosperado en todas las cosas que emprendas"

Josué 1:7

Veamos ahora la analogía del asunto: ¿Para dónde iba Josué? Para la Tierra Prometida. Y nosotros, ¿para dónde vamos? Para la Tierra Prometida.

Amado lector, hoy es tiempo de vivir como Josué, meditando en esa Palabra de día y de noche, porque al obedecer el mandato de Dios seremos prosperados, y tendremos buen éxito en todo lo que emprendamos. Y el éxito más grande que podemos obtener es que volemos cuando suene la trompeta. Por nada se quede en la tierra que esto va a arder como estopa aquí abajo. ¡Sea bendito el Señor Jesucristo!

"Porque así dice Jehová de los ejércitos: De aquí a poco yo haré temblar los cielos y la tierra, ...y vendrá el Deseado de todas las naciones".

Hageo 2:6

Y eso, ¿se ha cumplido? Los científicos han declarado que últimamente están ocurriendo terremotos y explosiones continuas en el *sol que lo hacen temblar.* El sol está en los cielos, y el Señor dijo que los cielos temblarían anunciando Su Venida. Los enormes cohetes teledirigidos que han salido a la estratosfera han conmovido los cielos con sus potentes motores de retropropulsión y el *espacio ha temblado.*

Los cielos externos han estado temblando y también han temblado los cielos de la tierra. En el capítulo anterior hemos visto cómo las *explosiones atómicas y de hidrógeno* han sacudido los cielos de la tierra en las últimas décadas. Los cielos han estado temblando, y esto anuncia que CRISTO VIENE. Hermano y amigo, ¡vuelve pronto el Hijo de Dios! Los cielos están temblando, ¿y la tierra? ¿Está acaso temblando también? Durante el siglo XV se registraron 115 terremotos, pero para el siglo XVI se registraron 253. Durante el siglo XVII hubo 378 terremotos. En el siglo XVIII ocurrieron 640 y en el siglo XIX hubo 2,119 temblores. ¿Por qué aumentaba el número de los mismos en forma tan firme e impresionante? Sencillamente, porque Dios lo había dicho: *"Temblará la tierra y entonces vendrá Jesucristo, el Deseado de todos los pueblos"*.

En los primeros cincuenta años del siglo XX se anunció que habían ocurrido alrededor de 7,000 temblores. Para la década del sesenta se anunció que habían ocurrido más de 16,000 terremotos. En la actualidad se anuncia que ocurre un temblor cada cuarenta y cinco segundos. Parece como si la tierra temblara en agonía sabiendo que CRISTO VIENE, y que viene en juicio terrible sobre los pueblos. Los terribles terremotos en Guatemala, Nicaragua, San Salvador, México, Armenia y otros lugares en estos últimos años, nos muestran el aumento en la intensidad de los mismos.

Sin embargo, el terremoto más grande y terrible es el que falta aún por ocurrir. La Biblia lo profetiza en Apocalipsis 16:18. Este pasaje dice que Juan vio en visión relámpagos, y oyó voces y truenos. Y se produjo un *terrible terremoto* como no lo ha habido jamás desde que hay hombres sobre la tierra. Juan vio cuando las *ciudades* de las naciones cayeron. Este terrible temblor viene. Todos las SEÑALES de la Biblia para esta terrible tragedia se han cumplido. En breve la humanidad verá la catástrofe más grande que jamás ha sacudido esta tierra impía.

Los científicos creen que no pasará este siglo sin que ocurra, ya que ellos han descubierto que el centro fundido de la tierra está cediendo, y pronto ocurrirá una falla que hará saltar las ciudades de las naciones. Dicen ellos que por lo menos 100 millones de vidas se perderán. El profeta Isaías vio este terremoto en visión y en Isaías 24:20 dice:

"Temblará la tierra como un ebrio, y será removida como una choza; y se agravará sobre ella su pecado, y caerá, y nunca mas se levantará".

El pecado y la maldad actual son responsables del terrible terremoto que viene.

Amigo, tórnese a Dios a tiempo y escape por su vida. Hermano, conságrese a Dios como nunca antes, porque pronto será tarde, y los tibios no serán librados. ¿Quiénes serán librados? Escuche bien lo que Cristo dijo:

"Por cuanto has guardado la Palabra de mi paciencia, Yo también te guardaré de la hora de prueba que ha de venir sobre el mundo entero, para probar a los que moran sobre la tierra"

Apocalipsis 3:10

Cristo prometió librar a los que guardaren Su Palabra. Por lo tanto, la única forma de escapar de la catástrofe terrible que viene es convertirse a Jesús de todo corazón y viviendo por Su Palabra. Cada terremoto recuerda a la humanidad que el tiempo del fin ha llegado y que hay que tornarse a Dios antes de que sea tarde (Hechos 3:19). ¡Tiemblan los cielos y la tierra y todo nos grita que Cristo viene! Es el último tiempo y hay que prepararse para la próxima venida del Señor Jesucristo. Ven a El y escapa!

"Porque así dice Jehová de los ejércitos: haré temblar los cielos y la tierra, el mar ... y haré temblar a todas las naciones, y vendrá el Deseado de todos los pueblos"

(Hageo 2:6-7).

Los cielos y la tierra tiemblan advirtiendo del inminente retorno del Redentor. ¿Y el mar ¿Está acaso temblando también? Para 1952 se habían construido en Holanda unos diques modernos. Era el producto de las más modernas ingenierías de la época. Los hombres dijeron que ya el mar no volvería a inundar el suelo holandés. Pero al principio del año 1953, y en el Atlántico del Norte, se desarrollaron vientos de una velocidad terrible que levantaron olas gigantescas. Al mismo tiempo, las mareas de primavera alcanzaron su altura más elevada. Esta combinación de circunstancias produjo una pared de agua que pasó sobre los diques de Holanda e inundó una sexta parte de la nación. ¡No se había visto cosa igual!

Lo más importante es que el mar tembló y ha seguido temblando en las últimas décadas y ahora estos temblores del mar son tan frecuentes que le llaman maremotos. Los recientes temblores del mar en Alaska y en Pakistán han sido de magnitud sin precedentes. Terremotos sacuden la tierra y las naciones; maremotos conmueven los mares por todo el orbe y parecen gritarle a la humanidad pervertida: ¡Cristo viene...Cristo viene!

Los cielos, la tierra y el mar están temblando. ¿Y las gentes en las naciones? ¿Están acaso temblando también? La ciencia médica anuncia que lo más que se vende en las farmacias actualmente son calmantes. Eso muestra que algo anda mal con el sistema nervioso de la gente. El sistema nervioso de la gente está en tensión y tienen que tranquilizarse con píldoras. Es un hecho que cuando el sistema nervioso se afecta la gente tiembla. Así está la humanidad actualmente. Dios lo dijo: *Haré temblar las naciones y entonces vendrá el Deseado, JESUCRISTO el Hijo de Dios".* El temblor de la gente grita a voces: ¡CRISTO VIENE!

En Lucas 21:34, Cristo dijo:

> *"Velad, pues, en todo tiempo orando que seáis tenidos por dignos de escapar de todas estas cosas que vendrán y de estar en pie delante del Hijo del Hombre".*

En la Palabra y la oración está la clave de la victoria para poder escapar. Todo creyente que quiera ser librado tiene que sacar tiempo abundante para leer y meditar en la Palabra y guardarla; y para orar. Usted estará maduro espiritualmente y podrá ser librado por el Señor. En Mateo 3:12, Cristo dijo:

> *"Su aventador está en su mano, y limpiará su era; y recogerá su trigo en el granero, y quemará la paja en fuego que nunca se apagará".*

Vienen juicios como nunca antes, pero El dijo que *a tiempo recogerá su trigo*. Si usted se arrepiente y se convierte de corazón a El será trigo de Dios que será recogido antes de que esos juicios caigan.

> *"Porque así dice Jehová de los ejércitos: de aquí a poco yo haré temblar los cielos y la tierra, el mar ... y haré temblar a todas las naciones y vendrá el Deseado de todas las naciones"*

(Hageo 2:6-7).

¡Viene el Señor! ¡Vuelve pronto el Rey del cielo! Pero, El viene con Sus ángeles de poder y en llamas de fuego, castigando a los que no obedecen su *santo Evangelio*. ¿Qué va a hacer con su vida? Usted puede escapar. Cristo es su esperanza. Conviértase a El y sálvese. Pronto la puerta será cerrada y la mayor parte de la humanidad se perderá. Sin embargo, hoy Cristo le dice: *"Yo soy la puerta; el que por mí entrare será salvo"* (Juan 10:9).

CAPITULO 11

EL ENGAÑO

Mientras Jesús estaba sentado en el Monte de los Olivos, trajo una profecía terrible y trágica para multitudes. En ese momento los discípulos no le preguntaron por las señales de Su venida, si no *¿cuál será la señal?* Por lo tanto, el Señor tuvo que escoger algo decisivo para contestar su pregunta. Como ellos le preguntaron por UNA SEÑAL, siendo el Señor muy específico en Su hablar, les habló de una señal. Por esta razón cuando oremos, nunca lo hagamos en forma general.

Ore en detalles, háblele con mucho detenimiento porque nuestro Dios es matemáticamente preciso. En Mateo 24:3-4, la Biblia nos dice que Sus discípulos se le acercaron aparte y le dijeron:

> *"Dinos, ¿cuándo serán estas cosas* [destrucción del templo], *y qué señal habrá de tu venida y del fin del siglo? Respondiendo Jesús, les dijo: mirad que nadie os engañe..."*

Quiere decir, que la señal más terrible de este tiempo sería *el engaño.* Jesús previno que los últimos días estarían saturados de engaño y de peligro para los creyentes y explicó esto al decir:

"Porque vendrán muchos en mi nombre, diciendo: Yo soy el Cristo, y a muchos engañarán".

Mateo 24:4-5

FALSOS PROFETAS

Hoy en día hay multitud de falsas sectas que dicen ser *"cristianas"* e infinidad de *"religiones evangélicas"* que enseñan mentiras monstruosas. Yo he visto libros de denominaciones evangélicas de renombre, decir que *"que las lenguas son del diablo"*. Ellos son parte del engaño que aquí está profetizado por el Señor; que si no se arrepienten se irán al mismo infierno, ya que eso podría clasificarse como una blasfemia contra el Espíritu Santo (Mateo 3:29).

Otras sectas *"evangélicas"* enseñan que la Sanidad Divina era sólo para los apóstoles. Esa es otra mentira trágica. Hoy en día, cuando el cáncer y el SIDA envían a millares antes de tiempo al sepulcro y la ciencia médica nada puede hacer, ellos le quitan la única fe que los puede librar de la muerte antes de tiempo. Son sectas criminales entre los evangélicos. Por lo tanto, el que esté en ese tipo de denominación salga y vuele de ahí, que todavía hay iglesias que creen en la Palabra tal como está escrita. Todavía existen pastores que no son asalariados, gente llamada por Dios y llenos del Espíritu Santo.

En esta época final y peligrosa no nos podemos callar. Hay que hablar la verdad claramente. Usted no se enoje, más bien arrepiéntase y conviértase para que escape a tiempo. No podemos permitir que estos falsos profetas sigan dañando a la pobre humanidad que en este momento está recibiendo su ULTIMA OPORTUNIDAD. Y esta es la última oportunidad de la humanidad porque los días están terminándose. Esto se acaba PRONTO. Frente a este mundo perdido tenemos la responsabilidad de hablar la verdad clara para que cada cual corra, se refugie y se esconda en Jesús pronto... ¡Pronto será tarde!

MILAGROS, SEÑALES Y
APARICIONES MENTIROSAS

En Mateo 24:24, Jesús añadió algo más que hace el asunto más peligroso: *"Porque se levantarán falsos Cristos, y falsos profetas, y harán grandes señales y prodigios, de tal manera que engañarán, si fuere posible, aun a los escogidos"* (verdaderos creyentes). ¡Mire qué clase de engaño, que tratará de alcanzar hasta los escogidos, si así fuera posible! Es decir, que en el tiempo final no sólo aparecerán maestros falsos envueltos en lo que aparentemente es el Poder de Dios, sino que también harán prodigios y milagros que a muchos engañarán.

En ese tiempo vivimos. Días de engaño y falsedad. *La mentira moviendo a millones al camino de condenación.* Cuidémonos y afirmémonos en Cristo. En El no hay engaño. En Cristo no hay riesgo. Sólo El murió en la cruz por toda la humanidad y El es la única Verdad de Dios para todo el que cree. Es tiempo de engaño y cada cual debe conocer muy bien la Escritura para saber lo que es de Dios y lo que es del diablo. Milagros, señales y apariciones mentirosas serán obradas para confundir y lanzar al error a la gente.

En 2 Corintios 11:14, la Biblia dice: *"Y no es maravilla, porque el mismo Satanás se disfraza como ángel de luz"*. Ahí está el engaño. Por lo tanto, ¿cómo podrá usted saber si un milagro es de Dios?

No hay nada más que una forma de medirlo. Todo milagro que sea de Dios es obrado por el Espíritu Santo para confirmar la Palabra de Dios y establecer que Cristo es el UNICO SALVADOR. Cualquier milagro que ocurra y que no sea para mover la gente a aceptar a Cristo como único y suficiente Salvador, *no es de Dios*. Si no hay eso, aunque resuciten muertos, no es de Dios.

Multitud de milagros falsos se llevan a cabo hoy día en diversos lugares. En cierto lugar en Europa hay estatuas que lloran. ¿Será eso de Dios? Primero, el mandamiento dice:

95

"No te harás imagen, no te inclinarás ante ellos, ni las honrarás, porque yo soy Jehová tu Dios fuerte y celoso".

Exodo 20:3-5; Deuteronomio 4:15, 5:7-9

Segundo, la gente va ahí a buscar sanidad, pero nadie los llama al arrepentimiento ni a aceptar a Cristo como su Salvador. Sabemos entonces que esa manifestación no es de Dios, sino del diablo que trata de engañar y destruir una multitud de personas humildes, que muchos aman a Dios, pero viven ignorantes de la Palabra de Dios conforme Cristo y los apóstoles la predicaran. En Gálatas 1:8-9, el apóstol Pablo dijo:

"Mas si aun nosotros, o un ángel del cielo, os anunciare otro evangelio diferente del que os hemos anunciado, sea anatema. Y si alguno os predica diferente evangelio del que habéis recibido, sea anatema".

TRADICIONALISMO

Los engaños que están ocurriendo en nuestro tiempo son trágicos y terribles. Fue en el año 1950 que se proclamó como dogma de la Iglesia Católica la tradición de que María, madre de la humanidad donde Cristo moró, después de su muerte resucitó y ascendió corporalmente al cielo. Además, en estos últimos días he visto en los periódicos en Puerto Rico la noticia de que la virgen María se le ha aparecido a varias personas en ciertos montes de este país. Muchos están impresionados y corren a ese lugar con la esperanza de ver a la virgen y de que ella les pueda ayudar en alguna forma. ¡Mentira trágica y mortal del diablo!

Conforme a las Sagradas Escrituras no es posible que se haya aparecido en ese lugar. Dice la Biblia, en 1 Corintios 15:22, que en Cristo todos recibiremos VIDA, pero por su orden: Cristo, *las primicias*; luego los que son de Cristo, en Su venida.

En forma clara vemos que Cristo fue el PRIMERO resucitado de entre los muertos y luego los que son de El resucitarán en Su venida (1 Corintios 15:23). Aún el Señor no ha venido, por lo tanto no ha ocurrido todavía resurrección de ninguno de los que murieron salvos. Eso incluye a María, Pedro, Pablo, Juan y otros santos de la Iglesia del Señor.

Por lo tanto, decir que María fue levantada al cielo como Cristo, es indicar que ella fue resucitada y levantada en cuerpo físico como el propio Señor Jesucristo y contradecir la Palabra de Dios que dice que ella resucitará en la segunda venida de Cristo. El que diga que María resucitó ya está mintiendo en una forma trágica y mortal. Estas son mentiras monstruosas y criminales que tienen a millares hoy en día con los pies en el infierno.

Los que alegan haber tenido estas visiones con la virgen María, dicen que recibieron instrucciones de rezar el rosario. En ningún momento dicen que ella les indicara que hay que ACEPTAR A CRISTO de todo corazón y vivir conforme a Su Palabra. María era una mujer santa y llena del Espíritu Santo. Si ella se hubiese aparecido (cosa que no es posible conforme a la Biblia) hubiese indicado a la gente que sólo la SANGRE DE JESUCRISTO limpia el pecado de los seres humanos. Jamás hubiese lanzado a la pobre gente al error, pues ella fue una sierva genuina de Dios.

Cristo nunca rezó el rosario ni tampoco los apóstoles. El rosario no está en la Biblia. Cristo enseñó a orar a Sus discípulos y les dijo: *"Cuando ores, ora al Padre"* (Mateo 6:6) y añadió: *"Y si algo pidiereis al Padre en mi Nombre, yo lo haré..."* (Juan 14:13-14). Esa es la única forma bíblica y apostólica de orar. Lo otro fue añadido por la religión y por los hombres que han alterado lo de Dios y han adulterado las Escrituras.

Otros alegan que María es madre de Dios y corredentora. ¿Cómo puede ser alguien madre de Dios si Dios no tiene principio, ni fin? El creó todo. Cuando María nació ya El era por siglos y siglos. Ella sí fue madre de la humanidad donde

Cristo moró. Aquella humanidad temporal fue creada por el Espíritu Santo en el vientre de la virgen, pero el Cristo que vivió en aquella humanidad era todo Dios, y EL VERBO ERA DIOS (Juan 1:1). Cristo fue el REDENTOR. Sólo Cristo murió pagando el precio de nuestra maldad y sólo El derramó la Sangre que nos limpió de todo pecado (1 Juan 1:7).

María fue una mujer obediente a Dios. Ella fue limpia y pura y murió salva, *pero no derramó sangre, ni murió por la humanidad*. En la resurrección ese cuerpo mortal y temporal de Cristo fue transformado por la gloria del Padre en cuerpo inmortal e incorruptible. En ese cuerpo mora hoy día Jesucristo, el Salvador del mundo. La Biblia dice en 1 Timoteo 2:5: *"Porque hay un solo Dios, y un solo mediador entre Dios y los hombres, Jesucristo hombre".* En 1 Corintios 3:11 dice: *"Porque nadie puede poner otro fundamento que el que está puesto, el cual es Jesucristo".*

Es claro que aquí sólo hay un Salvador, Cristo Jesús; UNO que se levantó de entre los muertos; que derramó Su sangre; que salvó a la humanidad: CRISTO JESUS, EMANUEL, Dios con nosotros (Isaías 9:14). Y solamente El puede librarnos de los juicios y la condenación. Hoy en día la humanidad necesita que le hablen la verdad clara y en amor de Dios. No en espíritu de juicio, crítica o contienda. Tiene que en Amor de Dios para que ellos vean que uno les ama y que por la Biblia, que es la Palabra de Dios, le estamos hablando la verdad.

Pablo exhortaba a Timoteo a evitar discusiones acaloradas *"las cuales para nada aprovechan, sino que son para perdición de los oyentes"* (2 Timoteo 2:14; 25). Es con mansedumbre, decía Pablo, que debemos corregir a los que se oponen. Tanto para ellos, como para nosotros, esta es la última oportunidad. Por lo tanto, no tenga temor y ¡hable la Palabra de Dios! que el Espíritu Santo la prosperará en sus corazones y ellos conocerán la Verdad, y la Verdad los libertará (Juan 8:32; Isaías 55:11).

FALSAS DOCTRINAS

Aparte de esto que hemos hablado, en nuestros días podemos ver cómo se han levantado Sectas que están envenenando al mundo con falsedades terribles. Algunos no creen en el infierno, la trinidad, la sanidad divina ni el bautismo del Espíritu Santo y tienen millones de seguidores. ¿Cómo es eso? Se cumplen las palabras de Jesús cuando dijo:

"Por cuanto no recibieron el amor de la verdad, para ser salvos, El mismo les envía un poder engañoso, para que crean la mentira".

2 Tesalonicenses 2:10-12

Y ahí están envueltos en un lazo terrible de muerte. Por esto usted nunca olvide que la única verdad es Cristo Jesús, el Hijo de Dios (Colosenses 2:8-10; Hechos 4:12). ¡Aleluya!

SI ORAMOS, NO PERECERAN

Si la Iglesia del Señor no se pone a buscar a Dios y a orar en firme, esa gente jamás se salvará. Los únicos que podemos orar, clamar y gemir en favor de ellos para que Dios rompa ese lazo, quite esas vendas de sus ojos y puedan ver a Jesús a tiempo, es la Iglesia de Jesucristo con el poder del Espíritu Santo (2 Corintios 3:16). Pero mientras la gente se pierde y se van al infierno por millares diariamente, la Iglesia duerme. Muchos hermanos no pueden orar ni cinco minutos al día. Otros no pueden visitar nunca un hogar, ni le dan testimonio a nadie. En las campañas, cuando vamos a comenzar el llamado para salvación de las almas, muchos se ponen de pie y se van a sus hogares.

Por lo tanto, cuando suene la trompeta se pararán para irse con el Señor y de pronto verán que se quedaron como las vírgenes insensatas, "vomitados" por Su boca (Apocalipsis 3:16). Entonces sabrán lo que es medir la pobre humanidad, no con amor y misericordia, sino con indiferencia y sin interés hacia ellos. Si estamos aquí abajo es con un solo propósito, ¡uno solo! Pero esa venda en los ojos de millares de evangélicos no les permite comprender que el Señor nos ha dejado aquí para llevar luz a los pecadores y arrebatarlos de la potestad del diablo. Todo el que está en pecado es propiedad privada de Satanás. Pero nosotros tenemos el poder, la autoridad, y la fuerza del Espíritu Santo que opera a través de nosotros para quitarle esas propiedades a Satanás y ponerlas en los brazos del Salvador (Lucas 9:1). Nos encontramos bajo este santo deber de advertir e interceder por los perdidos.

Oremos de todo corazón para que el Señor rompa esta trama diabólica y miles de personas humildes sean librados de una trampa de muerte. Si el pueblo clama de todo corazón, Dios no fallará en deshacer esta obra maligna y mortal para Su gloria. Si no lo hace, no espere irse en el Rapto con Jesús. *"Todo árbol que no dé buen fruto será cortado y echado al fuego"* (Mateo 3:10).

"Mirad que nadie os engañe" Esa fue la advertencia de Cristo para este último tiempo y ahí estamos. Engaño de todo tipo es obrado por Satanás. Afirmémonos como nunca antes, pues pronto Jesucristo levantará a Su Pueblo para librarlo de la ira que vendrá. ¡Gloria a Dios!

CAPITULO 12

AVIVAMIENTO DEL OCULTISMO

Alrededor de todo el mundo se está experimentando un avivamiento sin precedentes del ocultismo. La influencia diabólica se siente a lo largo y lo ancho de todo el planeta Tierra. Esto es una advertencia y un cumplimiento a la Palabra de Dios:

"En los postreros tiempos algunos apostatarán de la fe, escuchando a espíritus engañosos y a doctrinas de demonios"

1 Timoteo 4:1

Las potestades invisibles de las tinieblas son más de lo que podemos imaginarnos. Los aires están contaminados (Efesios 2:2). Verdaderamente: *"no tenemos lucha contra sangre y carne, sino contra principados, contra potestades, contra los gobernadores de las tinieblas de este siglo, contra huestes espirituales de maldad en las regiones celestes"* (Efesios 6:12). Ahora más que nunca es preciso andar en toda la verdad ante el Señor; de otra manera seremos presa fácil a las mentiras y doctrinas de demonios.

La trampa de estos espíritus engañadores es seducir al mundo para que acepte la mentira como si fuera verdad; y presentar tales doctrinas y su material de uso —tablas de Ouija, cartas Tarot, horóscopos, etcétera—, como algo inofensivo, como si fuera un juego que no perjudica a nadie. Para muchos visitar a un espiritista para que le lea la suerte, a un adivino o un médium, es sólo curiosidad. Pero todo esto tiene que evitarse, el enemigo es astuto y ha venido para matar, robar y destruir (Juan 10:10), y no perderá una oportunidad que se le dé para intentarlo. La Biblia nos dice en Efesios 4:27: *"ni deis lugar al diablo"*.

Entendamos que el ocultismo se define como el conjunto de doctrinas y prácticas espirituales, que pretenden explicar los fenómenos misteriosos de las cosas. Cuando el hombre pretende ir más allá de lo que el Señor le permite es cuando el enemigo toma ventaja sobre el hombre y comienza a revelarle cosas que no son de Dios porque él no puede hacerlo, sino cosas del mundo de las tinieblas. Es un peligro terrible tocar terreno del enemigo de las almas.

EL ESPIRITISMO

Multitudes en Puerto Rico y otros países claman por los espíritus de los muertos y consultan a los que invocan y dicen que hablan con los muertos. Entienda el que lee, que esto es doctrina satánica. La Biblia enseña que los muertos en Cristo no saldrán hasta la primera resurrección y eso es en la venida del Señor (1 Corintios 15:22-23). El resto de los muertos, no saldrán hasta el juicio final (Apocalipsis 20:5-6 y 12-13). No hay forma de que ningún muerto pueda manifestarse, pues los que murieron salvos. están en el cielo y los que murieron en pecado están en el infierno (Lucas 16:19-24).

La Biblia enseña que hay espíritus pitónicos, demonios de adivinación, que se manifiestan y se hacen pasar por los muertos. Por lo tanto, en Levítico 20:27, nos dice la Palabra de Dios:

AVIVAMIENTO DEL OCULTISMO

"Y el hombre o la mujer que evocare espíritus de muertos o se entregare a la adivinación, ha de morir..."

"No os volváis a los encantadores ni a los adivinos, no los consultéis, contaminándoos con ellos..."

Levítico 19:31

"Porque ellos os profetizan mentira ... para que yo os arroje y perezcáis".

Jeremías 27:10

El propósito del diablo es esclavizar a la humanidad a esta doctrina para que se mueran sin salvación. El interés por el ocultismo es tan marcado que en muchas escuelas secundarias y universidades incluyen clases sobre hechicería y encantamientos. Lo trágico es que estas clases están continuamente llenas de jóvenes que buscan la verdad. Amigo, apártese de los que claman por los muertos. Para el Señor, el ocultismo es una abominación y los hechiceros no entrarán en el Reino de los Cielos (Apocalipsis 21:8). No clame a los muertos, pero sí CLAMA A CRISTO JESUS que murió y fue resucitado y tiene todo el poder en el cielo y sobre la tierra (Mateo 28:18).

IGLESIAS SATANICAS

Actualmente existen iglesias de Satanás, donde adoran al diablo. El hecho de que en los Estados Unidos el líder de la iglesia satánica, llamado Anton La Vey, tenga como miembros de su iglesia a congresistas y senadores, demuestra que la separación de la Iglesia y el Estado es solamente una teoría y no una realidad. Nunca en la historia del hombre moderno tantas personas han mostrado tanto interés en el ocultismo pagano como ahora. Multitudes están jugando con los poderes psíquicos, la percepción extrasensorial, hipnosis, etcétera, tratando de hacer contacto con lo oculto sin comprender su poder destructivo. Muchos de ellos son médicos, maestros, personas de influencia en los medios de comunicación y ejecutivos, (personas claves en la sociedad) a quienes se les envía a un vuelo sobrenatural. Algunos, supuestamente se encuentran con una vida anterior, llegan a conocer seres espirituales y hasta se sienten trasladados al paraíso, mientras otros toman contacto con personas fallecidas.

ASTROLOGIA-HOROSCOPOS

Aún la astrología-horóscopo que parece tan inofensiva, es diabólica. En Estados Unidos existe una línea telefónica para cada signo del zodíaco, donde la gente llama marcando su signo y le responde una voz con su horóscopo para el día. Se ha estimado que se gastan sobre $150 millones al año en horóscopos. En el aspecto comercial el ocultismo ha alcanzado proporciones lucrativas con la venta de afiches, camisetas, rótulos, llaveros, libros de cocina, etcétera.

Pero, lea lo que nos dice la Biblia en Isaías 47:11-15:

"Vendrá, pues, sobre ti mal, cuyo nacimiento no sabrás; caerá sobre ti quebrantamiento, el cual no podrás remediar; y destrucción que no sepas vendrá de repente sobre ti. Estate ahora en tus encantamientos y en la multitud de tus hechizos, en los cuales te fatigaste desde tu juventud; quizá podrás mejorarte, quizá te fortalecerás. Te has fatigado en tus muchos consejos. Comparezcan ahora y te defiendan los contempladores de los cielos, los que observan las estrellas, los que cuentan los meses, para pronosticar lo que vendrá sobre ti. He aquí que serán como tamo; fuego los quemará, no salvarán sus vidas del poder de la llama; no quedará brasa para calentarse, ni lumbre a la cual se sienten. Así te serán aquellos con quienes te fatigaste, los que traficaron contigo desde tu juventud; cada uno irá por su camino, no habrá quien te salve".

Miembros del Gobierno, líderes religiosos y hombres y mujeres de negocios solicitan constantemente información de adivinos, médiums espiritistas, santeros y astrólogos. ¡Pensar que en estos días, hasta Presidentes usan el horóscopo para buscar guianza para conducir sus decisiones! Están usando al diablo para guiar la nación. Es alta traición al Dios del cielo que dice: *"Clama a mí y yo te responderé"* (Jeremías 33:3). CRISTO VIENE YA, arrepiéntase. Solamente la Palabra de Dios es la verdad y ella nos dice:

> *"Y si os dijeren: Preguntad a los encantadores y a los adivinos, que susurran hablando, responded: ¿No consultará el pueblo a su Dios? ¿Consultará a los muertos por los vivos?"*

Isaías 8:19-22

Por lo tanto, si ellos entregan sus vidas a Jesucristo, descubrirán que El rompe sus prisiones. El los libertará del poder de Satanás. Al igual que los creyentes de Efeso (Hechos 19:17-20), destruirán todo lo relacionado con las prácticas ocultistas. Quemar los puentes que lo unen al pasado es la responsabilidad del creyente. ¡Gloria a Dios!

Amigo, busque a Cristo de todo corazón y apártese de todas esas trampas satánicas de este último tiempo. Pronto será tarde. Millares perecerán, pero en Cristo Jesús hay vida para usted. *"En él estaba la vida, y la vida era la luz de los hombres"* (Juan 1:4). La apostasía trágica del ocultismo de este tiempo es SEÑAL INEQUIVOCA DEL PRONTO RETORNO DEL SEÑOR JESUCRISTO. Estas prácticas de hechicería, espiritismo, brujería, santerismo y otros satanismos ameritan juicios de Dios, ya que todo el ocultismo es un servicio abierto a Satanás. Los juicios están a punto de caer, pero antes el Señor Jesús arrebata a Su pueblo y lo libra de la IRA que vine. CRISTO VIENE. Arrepiéntase y conviértase a El y usted escapará. Sólo Cristo es el refugio de Dios para esta generación. Recíbalo hoy, que mañana podría ser tarde.

CAPITULO 13

SEÑAL DE LA MEDIANOCHE

La parábola de las diez vírgenes nos confirma lo que hemos estado hablando desde el comienzo de este libro: *"Mas vosotros, hermanos, no estáis en tinieblas, para que aquel día os sorprenda como ladrón"* (1 Tesalonicenses 5:4). En el Evangelio según San Mateo el Señor Jesucristo dijo:

> *"Entonces el reino de los cielos será semejante a diez vírgenes que tomando sus lámparas, salieron a recibir al esposo".*

Mateo 25:1

Hablándonos Jesús sobre este tiempo postrero, nos dice que entonces el reino de los cielos sería semejante a diez vírgenes. Las diez vírgenes son diez creyentes con oportunidad de entrar en Su reino. Esta es la situación en la que actualmente vivimos. El reino de los cielos a punto de manifestarse a toda plenitud en esta tierra, y solamente creyentes vírgenes tienen oportunidad de ser partícipes de esta magna bendición de Dios.

¿Cómo estaban las diez vírgenes? Tenían sus lámparas en las manos (Mateo 25:1). La lámpara es tipo de la Palabra. El Salmo 119:105 dice: *"Lámpara es a mis pies Tu Palabra, y lumbrera a nuestro camino"*. Conscientes de lo inminente de Su retorno, salieron a recibir al esposo. Es lo que estamos predicando todos los días, que hay que estar esperando a Jesús como si fuera hoy. Hoy es el día. Si no viene hoy creemos que mañana será el día, pues todo está cumplido.

Por lo tanto, digámosle en todo momento al Señor: "Señor, me voy contigo. Si suena la trompeta ahora, me voy. Si falta algo, dime para añadirlo. Si sobra algo, dime para quitarlo. Es con tu ayuda, sin ti, nada puedo hacer. Límpiame, santifícame por dentro (espíritu y alma) y por fuera (cuerpo). AYUDAME a escapar". Es VELANDO Y ORANDO que podremos ser dignos de escapar y estar en pie delante del Hijo del Hombre (Lucas 21:36). Alabado sea Dios.

Es importante que usted se dé cuenta de que las diez eran vírgenes, pero Jesús dijo que cinco de ellas eran "prudentes" y cinco "insensatas" (Mateo 25:2). El apóstol Pablo presentaba a los creyentes como vírgenes puras a Cristo (2 Corintios 11:2). ¡Mire qué clase de creyentes! Pablo dice que los creyentes vírgenes están llenos de pureza, inmaculados, sin mancha delante del Señor. No tienen amistad con el mundo, lo cual implica relacionarse con Satanás, o sea, adulterio espiritual (Santiago 4:4). Están apartados de toda suerte de pecado y eso incluye la mundanalidad. El Señor Jesús añade que los creyentes vírgenes llevaban sus lámparas. Quiere decir que ellos habían tomado como su única regla de fe la Palabra y que estaban esperando al Señor.

Ahora, ¿cómo es posible que alguien apartado del mundo y viviendo por la Palabra pueda ser insensato? La misma Biblia explica la situación:

> *"Las insensatas tomaron sus lámparas, pero no tomaron consigo aceite; mas las prudentes tomaron aceite en sus vasijas, juntamente con sus lámparas".*

Mateo 25:3-4

El aceite es tipo del Espíritu Santo. Esto muestra que las prudentes eran llenas del Espíritu (Efesios 5:18). Esto es decisivo para los que quieran volar con Cristo en el arrebatamiento de la Iglesia al cielo. Las insensatas tomaron las lámparas, pero no tomaron aceite consigo. Esas no eran llenas del Espíritu Santo.

En Mateo 25:6 Jesús dijo:

"Y a la medianoche se oyó el clamor: ¡He aquí el esposo; salid a su encuentro!"

Es el momento glorioso cuando los creyentes preparados volarán al cielo con el Señor. ¡ES EL RAPTO! ¡A la medianoche ocurrirá! Por supuesto, que esta hora es algo simbólico. Es decir, que en aquel día a las doce en punto, en el reloj profético de Dios, Jesús regresará y se oirá el clamor: *"¡He aquí el esposo; salid a su encuentro!"* (Mateo 25:6).

"Entonces todas aquellas vírgenes se levantaron, y arreglaron sus lámparas" (Mateo 25:6-7). Las diez sintieron el toque de que llegó el momento y prepararon sus lámparas. Ese es el momento actual de la Iglesia: cada creyente está llamado a despertar y prepararse para ser la novia celestial. Jesucristo dijo:

"Por tanto, también vosotros estad preparados; porque el Hijo del Hombre vendrá a la hora que no pensáis".

Mateo 24:44

Sin embargo, dice la Biblia que a las insensatas, en el momento decisivo, se les había agotado el aceite. Sintiendo una duda terrible dijeron desesperadas a las prudentes: *"Dadnos de vuestro aceite; porque nuestras lámparas se apagan"* (Mateo 25:8). ¡Qué tragedia! Saber que ha llegado el RAPTO y sentir la amargura de no estar preparado. Podemos sentir su angustia al exclamar: *"¡Nuestras lámparas se apagan!"* Entendían que era ESPIRITU SANTO lo que les faltaba y lo demandaron de las prudentes. La Palabra nos muestra que sus lámparas estaban encendidas. La *lámpara encendida* es tipo de creyentes que han recibido el bautismo del Espíritu Santo

(Apocalipsis 4:5), pero las prudentes habían mantenido esa llenura, mientras que a las insensatas les faltaba aceite. Por alguna forma de vida o descuido espiritual, habían perdido la *plenitud* del Espíritu (la estatura espiritual) y no sentían ahora la fe de irse. El reclamo apostólico es: *"Sed llenos del Espíritu"* (Efesios 5:18). Por lo tanto, al ver que las lámparas se les apagaban, pidieron ayuda a las prudentes, pero éstas tenían toda su concentración en el RAPTO y no pudieron atenderlas. No había tiempo de ministrarles ni orar por ellas. ¡Qué angustia! Dice la Biblia que las prudentes sólo le respondieron:

"Para que no nos falte a nosotras y a vosotras, Id más bien a los que venden, y comprad para vosotras mismas".

Mateo 25:9

Dice la Biblia que, *"mientras iban a comprar llegó el esposo; y las que estaban preparadas entraron con El a las bodas; y se cerró la puerta"* (Mateo 25:20). Las insensatas se habían quedado. Para ellas ya no había oportunidad. Ya la puerta se había cerrado. La Gran Tribulación las esperaba (Mateo 24:21). Así será el Rapto. Al clamor de la medianoche los preparados se van y el resto se quedará en la tierra. En ese momento, *"unos serán tomados y otros dejados"* (Mateo 24:40) ¡Aleluya!

Quiere decir, que no basta con ser *virgen",* estar esperando al Señor y estar viviendo con nuestras lámparas encendidas, sabiendo que la Palabra es la única verdad. Hay que estar LLENOS DEL ESPIRITU SANTO, y eso es doctrina apostólica. El apóstol Pablo lo dijo:

"No os embriaguéis con vino, en el cual hay disolución; antes bien sed llenos del Espíritu".

Efesios 5:18

109

Así podemos ser el instrumento del Espíritu Santo y llevar más frutos para Dios. Cuando el Señor nos bautiza con Su Espíritu Santo, El nos llena. El no da Su Espíritu por medida. Ahora, usted tiene que mantenerse lleno del Espíritu Santo. Usted tiene que buscar diariamente unción fresca del Poder. Para mantener la llenura del Espíritu y ser una virgen prudente hay que orar en firme, diariamente, y no cualquier clase de oración, sino oración en el Espíritu (Efesios 6:10). Oración en lenguas y con gemidos y lágrimas. Esa oración nos mantiene en fuego, edificados en la fe y preparados para cualquier reclamo del Señor. Eso incluye el RAPTO QUE VIENE. Así estaban las vírgenes prudentes. Tenían aceite en las lámparas y aceite en las vasijas; llenas y con reemplazo. ¡Estaban embriagadas en el Espíritu! (Efesios 5:18).

Quiere decir, que para el Rapto hay que estar VELANDO, ALERTA, ORANDO, con una vida espiritual profunda y dando testimonio a la pobre humanidad de la salvación de Cristo. *"Bienaventurados los que encontrare repartiendo la ración de trigo a mi servidumbre"* (Mateo 24:45-46). ¡Aleluya! Este es uno de los puntos decisivos. En cambio, a muchos evangélicos se les ha entrado un *"demonio mundo"*. No le hablan a nadie de Cristo. Es como si el diablo le hubiese introducido las uñas en la quijada y no les deja abrir la boca. Y, ¿qué pasa? Si estamos llenos del Espíritu, estamos libres para adorar a Dios, alabar a Dios y hablar de Jesús a la humanidad. Somos testigos fieles del Señor (Hechos 1:8). Quiere decir, que algún descuido espiritual hay cuando sienten esa timidez. ¡Ese diablito los va a dejar aquí abajo! Pues, todo árbol que no da buen fruto *será cortado* (Mateo 3:10).

¿QUE HORA MARCA EL RELOJ DE DIOS?

A la medianoche se oirá el clamor. A las doce en el reloj de Dios. Las revelaciones que Dios ha estado dando sobre ese reloj profético son algo maravilloso. Hace años durante una campaña en Caguas, una hermana me testificó lo siguiente: "El Señor me levantó al cielo y al llegar a un lugar bien alto, me mostró un gran reloj. Al leer la hora, pude ver que la aguja pequeña estaba en las doce y la grande en las once. Marcaba las doce menos cinco minutos". Le expliqué a la hermana "que el reloj de Dios marcaba las doce menos cinco porque a la medianoche el Señor nos levantará. El le ha mostrado en esa visión que sólo faltaban cinco minutos para Su venida. No sé cuánto eso implica en términos de tiempo".

De esta revelación hacen ya muchos años. Después de esto para el año 1978, mientras predicaba durante una campaña en Guatemala, una hermana pudo ver cuando los cielos se abrieron sobre la plataforma y el Señor le dijo "Dile a mi siervo, que faltan dos minutos para las doce". Un par de años más tarde, el Señor levantó a un joven misionero mientras estaba apartado en oración y ayuno hacía como trece días. El Señor lo sacó por una ventana fuera de la casa de campo donde él estaba y lo subió al mismo Reino de los Cielos. Fue un arrebatamiento glorioso.

Allá el Señor le mostró tronos y coronas y hasta los nombres de los siervos de Dios que están sobre esos tronos y estas coronas. Pero lo que más impresionó al hermano, no fueron los tronos y las coronas que están ya preparadas para Sus siervos, allá arriba. Lo que más le impresionó fue un enorme reloj que había en la habitación. Al mirar la hora, el hermano pudo ver que faltaba un minuto para las doce. ¡CRISTO VIENE YA! Aleluya.

Hace apenas unos días, un varón visitó el Escuadrón durante la oración de madrugada y me dijo: "Tuve una visión donde yo le escuchaba predicar: ¡Voz de alerta para los últimos días! Y de pronto, vi mi iglesia llena de relojes. Todas las paredes estaban llenas de relojes y todos los relojes marcaban "un minuto para las doce".

Quiere decir, que el campanazo de la medianoche está a punto de sonar. Por eso Pablo dijo: *"Mas vosotros hermanos, no están en tinieblas..."* porque la Palabra nos daría SEÑALES muy claras de este tiempo del fin y REVELACIONES también que confirmarían el tiempo de Su venida. Revelaciones que nos advierten, que nos levantan la fe, y nos tratan de despertar a la realidad de que la trompeta está a punto de sonar. Todo está cumplido. CRISTO VIENE. Muy pronto, si estamos firmes y llenos del Espíritu, veremos las glorias del cielo.

CAPITULO 14

EL EVANGELIO A TODA CRIATURA

En Mateo 24:14, Jesús dijo estas palabras:

"Y será predicado este evangelio del reino en todo el mundo, para testimonio a todas las naciones; y entonces vendrá el fin".

Quiere decir, que cuando estuviéramos a punto de llegar al tiempo del fin, habría un movimiento sobrenatural de evangelización por toda la tierra para advertir al mundo de su destino inminente.

No fue hasta poco antes de comenzar este siglo, que el hombre pensó en la posibilidad de enviar voz e imágenes por medio de *ondas electromagnéticas* por el espacio, a la velocidad de la luz. Estas ondas son similares a las que vienen de un relámpago de los que producen estática en los radios. En el libro de Job el Señor dijo" *"¿Enviarás Tú los relámpagos para que ellos vayan? ¿Y te dirán ellos; Henos aquí?"* (Job 38:35). Es como si nos dijera que por los relámpagos, ondas electrónicas, se podía enviar sonido. En palabras sencillas, miles de años atrás, Dios tenía ese conocimiento y lo impartiría al hombre en su tiempo. ¿En cuál tiempo? En el tiempo del fin este conocimiento sería decisivo PARA EVANGELI-ZAR AL MUNDO.

Ahora mismo, en países cuyos gobiernos son ateos, como el caso de Rusia y China, encontramos que el cristianismo se va extendiendo; millones de tratados se imprimen y se distribuyen con la Palabra de Dios y misioneros se mueven por todos los países. Como no se da abasto por la obra misionera normal, se está predicando la Palabra de Dios en forma rápida a *todo el mundo* por medio de emisoras de radio y televisión.

En este tiempo, prácticamente casi todo el mundo posee un radio, y emisoras potentísimas cubren por onda corta varios países, y en cadena con otras emisoras cubren distancias increíbles. Siervos de Dios han sido comisionados a establecer cadenas radiales de cientos de programas que cubren multitud de países. Es el tiempo del fin y las ondas radiales, como relámpagos, llevan la voz de un país a otro de que CRISTO VIENE, y que es la última oportunidad para los pueblos. ¡Aleluya!

Se predica en los parques, en las plazas y en las esquinas de las calles, pero lo más grande de todo es que por medio de la alta tecnología, cada campaña transmitida por la televisión vía satélite cubre simultáneamente multitud de países. Por lo que miles y miles de almas son evangelizadas y milagros maravillosos son obrados por Dios a kilómetros de distancia. Además, con el desarrollo mundial de las comunicaciones, las computadoras extraordinarias de este tiempo, pueden convertir el mensaje al idioma que sea necesario.

Muchos siervos de Dios están utilizando este sistema en sus convenciones, a las cuales asisten personas de muchos países. Solamente tienen que darle un audífono y si él es de habla hispana oye el mensaje en español, aunque el original esté saliendo en inglés. Si la persona es de Italia, lo oye en italiano y así sucesivamente. Son las computadoras las que cambian los mensajes al lenguaje deseado. Este es el tipo de computadora que próximamente se utilizarán en los satélites para mundialmente transmitir los programas de radio y televisión en todos los idiomas. Como consecuencia, *el evangelio será predicado a todo el mundo,* pero también el ambiente queda preparado para el ANTICRISTO, el cual por vía satélite abarcará al mundo con la televisión.

Literalmente todo se ha cumplido en una forma increíble, y todas estas cosas nos gritan que ¡CRISTO VIENE YA!; que este es el tiempo del fin; que estamos en la recta final. Jesús dijo: *"cuando vieren estas cosas, vela y ora en todo tiempo, si quieres escapar"* (Lucas 21:36). Observe que Jesús profetizó que hay un grupo que escapará. Por lo tanto, si alguien se acerca a usted y le dice que la Iglesia "pasará" por la Gran Tribulación, dígale: "Usted sí, porque esa es su fe. Pero yo no, yo voy a escapar. Jesús prometió librar los que estén guardando la Palabra de Su paciencia". (Apocalipsis 3:10).

De modo, que unos seremos librados y escaparemos, pero hay que estar guardando la Palabra y viviendo una vida firme en el Señor. Orando como nunca antes y velando. Alertas a las señales de Dios para este tiempo postrero. ¡Gloria a Dios!

UNCION DE LOS ULTIMOS DIAS

En una ocasión que estaba orando en mi oficina en el edificio "Cristo viene" en Camuy, Puerto Rico, de pronto el Espíritu Santo comenzó a mostrarme ciertos detalles a ocurrir en el tiempo del fin, y sobre los cuales Dios quería que yo alertara e informara a la gente y en forma muy especial a Su pueblo. Hay algo muy importante que Dios me mostró (para estímulo de sus siervos y siervas) al leer las palabras de Jesús en Juan 14:12, donde el Señor dijo:

"De cierto, de cierto os digo: el que en mí cree, las obras que yo hago, también él las hará; y aun mayores que éstas hará..."

Cristo afirmó que haríamos Sus obras y aun mayores que las que El hizo. ¿Cuándo sería eso? El Espíritu me mostraba que eso sería en los días de Su venida y cumpliría lo que profetizó Hageo (2:9) que la gloria postrera sería mayor que

115

la primera. El Espíritu me mostró: "Estas obras mayores que las de los días apostólicos serían UNA SEÑAL DEL ULTIMO TIEMPO. Serían una señal de que Cristo estaba a punto de retornar a la tierra, y serían hechas para que hasta los ateos, los más incrédulos y hundidos en el pecado pudieron creer". ¡Gloria a Dios!

El Señor me mostró que para que esto se cumpliera, tendría que caer una lluvia del ESPIRITU SANTO y manifestarse una *unción especial* sobre los llamados para esta obra final y decisiva. Que esta unción vendría sobre todas las edades y sobre ambos sexos (Hechos 2:17). Que para esta obra final de alertar la humanidad en relación a Su venida, y los grandes juicios que caerán, El usaría hombres y mujeres. Y que esto lo había profetizado Joel:

> *"Y aun también sobre los siervos y sobre las siervas derramaré mi Espíritu en aquellos días".*

Joel 2:29

Es una obra tan final y tan decisiva que Dios está usando todos los instrumentos disponibles para dar la voz de alerta de que CRISTO VIENE y el fin se acerca.

Es decir, que a medida que alcancemos al mundo para Cristo, poco antes de Su venida, los ciegos verán, los cojos caminarán, los sordos oirán y miles aceptarán a Cristo como su único Salvador. Todos sabrán que "Cristo salva, sana, bautiza y viene ya". Podemos ver cómo tremendos milagros creativos están ocurriendo últimamente, y esto irá en aumento. Por lo tanto, todo varón y mujer llamado al ministerio en este tiempo final debe reclamar esa *unción de los últimos días* para ministrar con poder sobrenatural la Palabra de Dios y obrar milagros, como no se vieron en los días apostólicos. Esto está ya en pleno cumplimiento, pues ya vemos predicando niños de cuatro, cinco y seis años de edad con unción que asombra a cualquiera. Vemos mujeres, ancianos y jóvenes predicando y obrando milagros de todo tipo para llevar la "voz de alerta" del último tiempo.

Lo último que Dios me mostró es que algunos varones que El llama a este ministerio de últimos días le están dando la espalda. Están más interesados en estudio, trabajo y logros temporales, que en la obra decisiva que hace Dios en estos días postreros. El Señor me muestra que les diga que para vergüenza de ellos, mujeres irán en su lugar (Salmo 68:11). El tiempo se acaba. No le falle a Dios. Pronto será tarde y miles están en la balanza. Responda, hermano, al llamado de Dios y gócese pensando en la gloria venidera que pronto se manifestará en los hijos de Dios.

Este movimiento sobrenatural de evangelización mundial es otra SEÑAL más de que estamos en los últimos días, y en el cielo Cristo se prepara para rescatar a tiempo a Su pueblo del holocausto de juicio y de muerte que se avecina. ¡Cristo viene! Unámonos a dar la batalla por las almas perdidas. Hagamos el máximo en lo poco que falta. No perdamos el tiempo en vanidad. Cristo dijo: *"Cuando veáis todo esto, sabed que estoy cerca, a las puertas"* (Mateo 24:33). El tiempo es corto y pronto la puerta será cerrada.

CAPITULO 15

GRANDES SEÑALES EN LOS CIELOS

Entre las señales que Jesús nos dejó, que avisarían de Su segunda venida y de los últimos días, esta es una decisiva *"...y habrá terror y grandes señales del cielo" (Lucas 21:11). La palabra griega traducido "cielo" puede significar tres cosas: la atmósfera que rodea la tierra, el espacio exterior, o el lugar de la morada de Dios. En esta profecía Jesús se refiere al cielo atmosférico y lo que está más allá de él, el universo.*

Luego Jesús continuó diciendo:

> *"Entonces habrá señales en el sol, en la luna y en las estrellas, y en la tierra angustia de las gentes, confundidas a causa del bramido del mar y de las olas..."*

Lucas 21:25

Es decir, que los acontecimientos terribles que ocurrirán en la atmósfera que rodea la tierra y el universo, afectarán nuestra atmósfera, nuestro clima y nuestros mares. Ya estamos viendo estos extraños sucesos en los cielos de los que habló Jesús. Al estudiar la Palabra y leer un periódico, vemos

119

cómo todo anuncia el inminente retorno de Jesús por Su Iglesia. Una de estas señales extraordinarias lo es la capa de ozono que envuelve la tierra.

LA CAPA DE OZONO

Los científicos han expresado su inquietud al observar que la abertura que se ha descubierto en la capa de ozono que rodea la tierra por encima de la zona Antártica, se hace más grande de año en año. La capa de ozono impide que los peligrosos rayos ultravioletas del sol penetren en la superficie de la tierra, donde pueden causar problemas a los seres humanos al producirles quemaduras en la piel por la exposición directa a los rayos del sol, cáncer de la piel, cataratas y otras enfermedades; además de que los rayos del sol ocasionarán mayores daños a las plantas, los bosques y la vida acuática.

Desde la mitad de los años 70, los científicos han advertido en medida creciente, que el uso de los compuestos de cloro, fluor y carbón (clorofluorcarbonos) como propulsores de aerosol, y para otros usos, pueden destruir la capa de ozono cuando alcanzan la atmósfera alta. Cuando se desarrollaron los clorofuorcarbonos (1928), y aún mucho tiempo después, se consideraban a estos gases ideales: no huelen, no manchan, no son tóxicos ni inflamables, y sobre todo, son muy estables, por lo que no reaccionan con prácticamente ninguna sustancia química. Parecían demasiado buenos para no tener algún efecto nocivo.

Sin embargo, a causa precisamente de su estabilidad química, las moléculas del gas ascienden libremente a través de la atmósfera sin que nada las detenga en su camino. Al escaparse desde las latas de aerosol al aire, al evaporarse rápidamente de los líquidos limpiadores, al salirse de las neveras y de las gomas de plástico, van todos al mismo sitio: la estratosfera. Al llegar a la capa de ozono se desintegran fácilmente bajo el reflejo de la luz ultravioleta, dejando libre sus átomos.

Uno de ellos, el *cloro*, tiene la propiedad de reaccionar inmediatamente con las moléculas ya formadas de ozono, convirtiéndolas entonces de nuevo en moléculas de oxígeno y átomos de oxígeno libre. Este es un asunto de grave preocupación porque la capa de ozono en la parte superior de la atmósfera es opaca a la luz ultravioleta. La mayor parte de la luz ultravioleta del sol es absorbida por el ozono y muy poca llega a la superficie terrestre. Si la capa de ozono disminuye sobre las zonas pobladas, las consecuencias serán catastróficas. En vista de tales peligros, los Estados Unidos prohibieron en 1978 productos químicos como propulsores de aerosol, cuyo uso continúa, no obstante, en aumento en todo el mundo debido a su versatilidad como fluidos refrigerantes en sistemas de aire acondicionado, refrigeradores y congeladores.

IRREVERSIBLE EL AGUJERO DE OZONO

Un estudio hecho a base de información proporcionada por satélites, muestra que la sorprendentemente rápida reducción de ozono no se limita a los llamados hoyos de ozono, que han sido localizados sobre la Antártida en el hemisferio sur, sino que afecta a TODA LA ESTRATOSFERA. Los científicos entienden que la sociedad ha entrado a una secuencia de procesos atmosféricos a los cuales no se les puede dar marcha atrás rápidamente. Cuando el agujero está abierto, el área cubierta abarca una superficie del doble del tamaño de los Estados Unidos, pues el agujero no es permanente sino que se abre en el curso de unas semanas, justo cuando termina el invierno antártico y comienzan a calentar los primeros rayos del sol. Sin embargo, observan los científicos que cada año vuelve a aumentar su extensión.

La destrucción de la capa de ozono continuará a pesar de los esfuerzos de los gobiernos y de las industrias para controlarla, indican los científicos. Aun si se reducen a la mitad las emisiones de gases industriales en la atmósfera, una sola molécula de cloro se queda en la estratosfera por un siglo, desintegrando decenas de miles de moléculas de ozono.

Esta alarmante noticia apunta a Hebreos 1:10-12:

> *"Tú, oh Señor, en el principio fundaste la tierra, y los cielos son obra de tus manos. Ellos perecerán, más tú permaneces; y todos ellos se envejecerán como una vestidura, y como un vestido los envolverás, y serán mudados; pero tú eres el mismo, y tus años no acabarán".*

Es decir, que la tierra y el universo están sometidos a una decadencia inevitable. ¡Esta profecía bíblica cumple para la humanidad la realidad de un juicio catastrófico!

EL EFECTO DE INVERNADERO

Potencialmente más peligroso aun que la desaparición de la capa de ozono, y mucho más difícil de controlar, es el efecto de invernadero, que deja que los rayos calientes del sol penetren, pero impide que el exceso de calor vuelva a radiar hacia el espacio. La enorme concentración de dióxido de carbono en la atmósfera concluyen los científicos, retendrá el calor y hará que la temperatura promedio de la tierra se eleve. Como consecuencia, el calentamiento atmosférico traerá cambios drásticos de regiones fértiles y desérticas, intensificación de las tormentas tropicales, el comienzo del derretimiento de las capas polares y la expansión de los océanos, que provocará una elevación del nivel del mar e inundaciones en las zonas bajas de la tierra.

Hoy día, hay unos 33 millones de kilómetros cúbicos de hielo que yacen en diversas regiones polares: 90% en la Antártida, 8% en Groenlandia y 2% en otros lugares. Este hielo se funde un poco en verano y vuelve a formarse en invierno. El balance final está equilibrado. Ahora bien, si la temperatura media de la tierra aumenta, el hielo que se funda en verano será más que el que se forme en invierno, de manera que la carga de hielo empezará a disminuir. Como el hielo refleja más la luz solar que el suelo desnudo, será menos la cantidad de luz solar y la temperatura aumentará aún más.

Si la temperatura de la tierra aumenta lo suficiente, la carga entera de hielo de la tierra desaparecerá. ¿Qué tiene de peligroso? Los 33 millones de kilómetros cúbicos de hielo, al fundirse, se filtrarán en el suelo e irán al océano. Por lo tanto, el nivel del mar inevitablemente subirá e inundará las tierras bajas, pobladas por cientos de millones de personas que no son fáciles de evacuar. Los datos científicos aseguran que los mares barrerán países e inundarán ciudades. Pero nosotros sabemos que Cristo dijo: *"Y habrá terror y grandes señales del cielo; ...y en la tierra angustia de las gentes, confundidas a causa del bramido del mar y de las olas..."* (Lucas 21: 11,25).

EL FUTURO SERA MAS CALUROSO

Amado lector, ¡ninguna cosa de todo lo que dijo el Señor quedará sin cumplirse! En julio de 1987, una ola de intenso calor causó la muerte a más de mil personas en Grecia, y estragos en tierras cultivables en todo el país. En China una agobiadora ola de calor duró un mes y mató más de 1,400 personas. Las temperaturas también quebraron marcas, destrozando cultivos de arroz y los abastecimientos de agua, casi la mitad de 1.7 millón de hectáreas cultivables quedó afectada por la sequía.

Los cambios de tiempo drásticos están superando marcas en todo el mundo. Temperaturas récords entre 90 y 105 grados se han registrado en dos terceras partes de los Estados Unidos para agosto 1987. En junio de 1988, la peor sequía en medio siglo que ha abrasado terrenos agrícolas desde Nuevo México hasta Pensilvania, y desde Idaho hasta Carolina del Sur. En medio de temperaturas récords, 40% de los condados en Estados Unidos han sido declarados áreas de desastre.

Los cuatro años más calientes desde la década del 1880 ocurrieron durante la *década actual*. El promedio de las temperaturas mundiales para 1988 son las más altas que se hayan registrado. Para los científicos, las temidas alteraciones de "invernadero", en los sistemas del tiempo del mundo, han comenzado y veranos candentes y secos serán más frecuentes; así como, lluvias torrenciales y subsecuentes inundaciones. El mundo está a punto de presenciar el comienzo de grandes desgracias causadas por las más drásticas variaciones atmosféricas.

Lo que vemos y vivimos en una escala menor se intensificará y es el precumplimiento de la profecía en Apocalipsis 16:8-11:

"El cuarto ángel derramó su copa sobre el Sol, al cual fue dado quemar a los hombres con fuego. Y los hombres se quemaron con el gran calor, y blasfemaron el nombre de Dios, que tiene poder sobre estas plagas, y no se arrepintieron para darle gloria. El quinto ángel derramó su copa sobre el trono de la bestia; y su reino se cubrió de tinieblas, y mordían de dolor sus lenguas y blasfemaron contra el Dios del cielo por sus dolores y por sus úlceras, y no se arrepintieron de sus obras".

La Biblia predice que el sol *abrasará a los hombres con fuego,* pero también dos veces os dice con énfasis: *"...y no se arrepintieron".* Por lo que la causa más profunda de la disminución de la capa protectora de ozono sobre la tierra es de naturaleza espiritual. Los científicos están limitados al análisis del aspecto físico, y éste es sólo parte del fenómeno. No obstante, los pecados físicos y espirituales se encuentran entre las causas de las variaciones drásticas del tiempo. Dios afirma que es El quien controla el tiempo atmosférico. Es El quien *"hace salir Su sol sobre malos y buenos, y que hace llover sobre justos e injustos".* (Mateo 5:45).

Fuera de los patrones climáticos normales, que El mismo puso en funcionamiento, Dios también permite que la humanidad coseche las consecuencias de sus errores: contaminación, abuso del ambiente o los esfuerzos para manipular el tiempo atmosférico. Es decir, que Dios también se vale del tiempo para castigar la desobediencia del hombre.

Si leemos el capítulo 28 de Deuteronomio, podremos observar que entre las bendiciones que Dios otorga por la obediencia se encuentra el buen tiempo (vv. 1-14). *Acontecerá que si oyeres atentamente la voz de Jehová tu Dios, para guardar y poner por obra todos sus mandamientos... Te abrirá Jehová su buen tesoro, el cielo, para enviar la lluvia a tu tierra a su tiempo..."* (v. 12). Y entre los castigos por el pecado se encuentran las catástrofes causadas por el mal tiempo (Deuteronomio 28:15-24). *"Pero acontecerá, que si no oyeres la voz de Jehová tu Dios... los cielos que están sobre tu cabeza serán de bronce, y la tierra que está debajo de ti, hierro. Dará Jehová por lluvia a tu tierra polvo y ceniza,..."* (vv. 23-24).

La desobediencia del profeta Jonás es un magnífico ejemplo, pues al intentar huir del llamado de Dios, no tan solo se puso en peligro de muerte a sí mismo, sino también a toda la tripulación de la nave. Como consecuencia:

"Jehová hizo levantar un gran viento en el mar, y hubo en el mar una tempestad tan grande que se pensó que se partiría la nave".

Jonás 1:4

Cuando Jonás se levantó de su sueño, de su falta de avivamiento y oración, reconoció que por su causa había venido aquella gran tempestad (Jonás 1:12).

Hace siglos, Elías uno de los profetas de Dios, oró y Dios impidió que lloviera sobre una nación rebelde y pecadora. Fue una advertencia al pueblo para que se apartara de los dioses falsos (1 Reyes 17-18). Jesús dijo que antes de Su segunda venida *"...habrá terror y grandes señales del cielo, ...y en la tierra angustia de las gentes, confundidas a causa del bramido del mar y de las olas..."* (Lucas 21:11, 25). Esta afirmación del Señor nos permite ubicar este acontecimiento de juicio en la actualidad, exactamente en su lugar. Nos muestra cuan preciso y exacto se va cumpliendo todo. Dios está dando, hoy en día, una advertencia clara a la humanidad para que se arrepienta. Sus amonestaciones son cada vez más fuertes y apremiantes. Pero a pesar de eso el mundo está muy ocupado para oír y ver estas SEÑALES tan claras.

La disminución de la capa de ozono que protege la tierra es una de las GRANDES SEÑALES en el cielo, que anuncian que CRISTO VIENE y que los juicios de Dios están a punto de arrasar la tierra y los pecadores. Siendo el Rapto un evento real, es el tiempo de buscar las almas y prepararnos para Su venida. ¡El Señor viene pronto!

> "Cuando estas cosas comiencen a suceder, dijo Jesús, [y ya han comenzado] *erguíos y levantad vuestra cabeza, porque vuestra redención está cerca*".

Lucas 21:27-28.

Con lo expresado tenemos, de la boca de Jesús mismo, el fundamento para suponer cuándo es que el Señor vendrá.

CAPITULO 16

LAS DOS HIGUERAS

Durante una de las campañas en Puerto Rico, el Señor me mostró que predicara sobre las dos higueras. Me mostró puntos muy importantes sobre el Rapto de la Iglesia relacionados con ese mensaje. Todo vino de súbito y tuve que tomar nota muy aprisa sobre los detalles envueltos en este importante mensaje para este tiempo postrero.

MALDICION DE LA HIGUERA ESTERIL

En Marcos 11:12-14, cuando Jesús iba de Betania a Jerusalén con sus doce discípulos, encontramos el primer mensaje sobre la higuera. Dice la Biblia que cuando salieron de Betania, Jesús tuvo hambre.

"Y viendo de lejos una higuera que tenía hojas, fue a ver si tal vez hallaba en ella algo; pero cuando llegó a ella, nada halló sino hojas, pues no era tiempo de higos. Entonces Jesús dijo a la higuera: Nunca jamás coma nadie fruto de ti. Y lo oyeron sus discípulos".

Marcos 11:13-14

Es importante notar que hay un detalle muy interesante en este incidente y, a su vez, una enseñanza: no era tiempo de

127

los higos. Por lo tanto, no siendo temporada de los higos, es natural que la planta no tuviera fruto. A pesar de esto, sabiéndolo el Señor, la maldijo. Los creyentes conocedores de la Biblia saben que la higuera se refiere especialmente a Israel. Por medio de la maldición del árbol de higuera, Jesús usó este acontecimiento para mostrar el juicio que vendría sobre Israel. Según se secó la higuera cuando El la maldijo, así también se secaría Israel por la incredulidad y desobediencia. Además, siendo la higuera tipo del creyente, nos muestra lo que El demanda de Su pueblo de este tiempo postrero. El demanda que a tiempo y fuera de tiempo tenemos que tener y dar fruto para Dios (2 Timoteo 4:2).

Por lo tanto, busque a Dios en esta época como nunca antes y no se descuide por nada, pues el tiempo se ha cumplido, y Jesús está cerca a las puertas. La maldición pronunciada por el Señor sobre esa higuera, al no encontrar fruto en ella, anunció Su juicio sobre Israel, Su pueblo espiritualmente estéril. Al decir Jesús: *"nunca jamás coma nadie fruto de ti..."* es en ese momento que los desechó y les lanzó la sentencia terrible de juicio (Marcos 11:14).

LA HIGUERA MALDECIDA SE SECA

Al día siguiente, por la mañana, cuando Jesús regresó a Betania, los discípulos notaron que la higuera se había secado desde las raíces (Marcos 11:20). La maldición de la higuera estéril, es una parábola que nos da testimonio de lo que le iba a acontecer a Israel por no responder al llamado de Jesús, y no tener fruto cuando El vino y descendió del cielo a buscar fruto de ellos. Al igual que la higuera, Jesús los iba a desechar y, como consecuencia, se secarían como pueblo. Así se secarán también los creyentes tibios y mundanos de las Iglesias que viven a medias con el Señor. Es menester tener fruto para Dios, antes de que Sus juicios caigan sobre los pueblos.

Ese día, mientras predicaba (pero alerta a lo que seguía sintiendo del Espíritu) el Señor continuaba hablándome: "Las dos higueras muestran claramente lo que le sucedería a Israel". ¿Qué le aconteció a Israel? En Mateo 23:36, hablando Jesús de esa maldición que le venía a Israel, dijo: *"De cierto os digo que todo esto vendrá sobre esta generación"*. Al Jesús hacer mención del término "esta generación" no nos habla a nosotros, Su iglesia, sino a Israel, los que estaban vivos durante la época en que El maldijo la higuera. Les dijo: "Ustedes son la generación que verá esta maldición". Y concluyó su acusación diciendo: *"He aquí que vuestra casa os será dejada desierta"* (Mateo 23:38). Israel quedaría como un desierto espiritual. Dios se apartaría de ellos y no oirían voz del Altísimo por siglos y siglos. Ese era el juicio que venía para aquella generación y así se cumplió literalmente.

UNA GENERACION

Jesucristo profetizó esta caída de Jerusalén y la destrucción del Templo, aproximadamente en el año treinta del primer siglo. La Biblia nos muestra que una generación son cuarenta años. En Hebreos 3:9, Dios dice:

> *"Donde me tentaron vuestros padres, me probaron y vieron mis obras cuarenta años. A causa de lo cual me disgusté con esa generación..."*

En estos versículos, el Señor se refiere a la generación aquella que, en el desierto, se rebeló contra Dios desconfiando de sus promesas, y olvidándose de todas las señales que Dios había obrado en favor de ellos. No creyeron que Canaán fuera un país de abundancia y mucho menos que Dios les daría la tierra. Los israelitas prefirieron aceptar el informe de los diez espías antes de depositar su fe en el Dios invisible.

Cuando estaban ya a punto de entrar a la Tierra Prometida, dando gritos de desesperación y llorando, murmuraron contra Dios, diciendo que les había traído a una trampa, y que aquella era una tierra que mataba a la gente (Números 13:17-32; 14:1-10). Aunque Dios les perdonó una vez más su rebelión, los disciplinó también diciendo: *"...no verán la*

129

tierra de la cual juré a sus padres; no, ninguno de los que me han irritado la verá" (Números 14:23).

Podemos ver siempre que en la Biblia un período de cuarenta años ó cuarenta días constituye un tiempo de aprobación o juicio. A causa de su incredulidad, el Señor dijo a los israelitas:

"Y vuestros hijos andarán pastoreando en el desierto cuarenta años... Conforme al número de los días, de los 40 días en que reconocisteis la tierra, llevaréis vuestras iniquidades 40 años, un año por cada día; y conoceréis mi castigo.

Números 14:33-34

Durante 40 años, la duración de una generación, caminaron los israelitas por el desierto. Fue un período de juicio, en el cual no quedó uno vivo en el desierto de los que dudaron del Señor.

DESTRUCCION DEL TEMPLO

Hemos dicho que en el año treinta del primer siglo, en forma completamente directa, el Señor le habló a Israel:

"Os digo que todo esto vendrá sobre esta generación. ¡Jerusalén! ¡Jerusalén!, tú que matas a los profetas y apedreas a los que te son enviados. ¡Cuántas veces quise reunir a tus hijos como la gallina reúne a sus pollitos debajo de sus alas, y vosotros no habéis querido! he aquí que vuestra casa os será dejada desierta"

Mateo 23:36-38

Juicio vendría para aquella generación, pero teniendo conocimiento Jesús de la destrucción tan espantosa que vendría sobre la ciudad de Jerusalén, profundamente conmovido al verla, lloró al profetizar:

"Porque vendrán días sobre ti, cuando tus enemigos te rodearán con vallado, y te sitiarán, y por todas partes te estrecharán, y te derribarán a tierra, y a tus hijos dentro de ti, y no dejarán en ti piedra sobre piedra, por cuanto no conociste el tiempo de tu visitación".

Lucas 19:41-44

En el año setenta, en el día de la Pascua, las legiones de Roma rodearon a Jerusalén, tomaron la ciudad, quemaron el Templo y desbandaron, como esclavos, a los judíos por toda la tierra. La ciudad fue destruida. Los magníficos edificios fueron demolidos. Más de 95,000 judíos fueron tomados cautivos y 1,000,000 muertos. Las piedras del Templo fueron arrancadas una por una y arrojadas al valle que está al sudeste de Jerusalén, por los romanos. No quedó allí *"piedra sobre piedra"* (Mateo 23:38), y se cumplió literalmente el término de una generación.

LA SEGUNDA HIGUERA

La parábola de la maldición de la higuera estéril, o sea, Israel bajo el juicio de Dios, es la primera higuera. Mas el Señor me reveló "dos higueras". Entonces, ¿cuál es la segunda higuera?

En Mateo 24:32, después de haber hablado sobre las diferentes señales antes de Su segunda venida y del tiempo del fin, Jesús dijo una parábola que se aplica a todo lo que había sido enseñado:

"De la higuera aprended la parábola: cuando sus ramas se ponen tiernas y sus hojas brotan, sabéis que el verano está cerca. Así también vosotros, cuando veáis esas cosas [todas las señales cumpliéndose], *sabed que está cerca, a las puertas"*

Mateo 24:32-33

Esta parábola sobre el reverdecimiento de la higuera, es la segunda higuera. Aquí Jesús vuelve a profetizarle a Israel,

131

pero esta vez anunciándoles que, después del juicio, volvería a REVERDECER. Ahora no anuncia maldición, sino que Israel volvería a la vida. Por Su gracia maravillosa, la maldición se volvería en BENDICION. La restauración de Israel comenzaba (Oseas 6:1-2). ¡Aleluya!

Ahora viene lo decisivo para nosotros hoy día. Cristo dijo, indicando la intención fundamental de la parábola de la higuera: *"De cierto os digo, que no pasará esta generación hasta que todo esto acontezca"* (Mateo 24:34). ¿De cuál generación estaba hablando Jesús? Hablaba de la generación que viera reverdecer la higuera. La generación que viere a Israel volver otra vez a ser nación, no pasaría sin que vea el retorno de Cristo y los acontecimientos terribles que acompañarán Su venida. ¡Gloria a Dios!

¿REVERDECIO LA HIGUERA?

¿Se ha cumplido esta profecía? El 14 de mayo de 1948, Israel se constituyó como nación y luego fue aceptada como miembro de las Naciones Unidas. Fue el año en que la higuera reverdeció y la bandera de la estrella solitaria de David volvió a ondear sobre tierra de Palestina.

LA HIGUERA REVERDECE

El día 12 de octubre de 1987, durante la Fiesta de los Tabernáculos, judíos y cristianos tuvieron una gran celebración proclamando su cuadragésimo aniversario de haber sido establecidos como estado libre. Casi 40,000 judíos y cristianos se reunieron frente al muro de las Lamentaciones para orar, llevando cartelones que decían: "ISRAEL, TU REDENCION SE ACERCA" ¡Aleluya!

Cuando yo empecé a predicar sobre el reverdecimiento de la higuera, solamente sabía lo que dice la Palabra del Señor y sobre todo que la Biblia no se puede equivocar. En cambio desconocía totalmente que Israel estuviera tan consciente del asunto.

Hace algún tiempo, un pastor, muy amado por mi persona, contándome sobre sus recientes experiencias en Israel, me dijo: "Muchacho, qué sorpresa nos dio un guía judío al decirnos: ¿Ustedes no saben que el año que viene, (1988), se cumple una generación (40 años) de habernos establecido como estado libre?... Y, ¡algo grande va a suceder! En ese momento todos los pastores pentecostales que nos encontrábamos allí ¡temblábamos al ver un judío, inconverso, pero con conocimiento profundo del Antiguo Testamento, dándonos una voz de alerta como esa!: ¡ALGO GRANDE VA A SUCEDER! Si es que viene el Mesías no lo sabemos, pero entendemos que grandes eventos sucederán al cumplirse el término de una generación".

Hasta personas que no entienden nada de especulaciones sienten en este aniversario algo especial. Podemos entender que estamos en un tiempo final y decisivo para toda la humanidad y que la venida del Señor es un evento inminente. Toda la humanidad recibe "voz de alerta" mientras nosotros, la iglesia del Señor, estamos esperando al Mesías, JESUS DE NAZARET, el cual viene en breve a llevarnos al cielo para librarnos de los juicios que acontecerán por la maldad que impera en esta tierra perdida.

Después de casi 2,000 años de dispersión, esclavitud, casi extinción, Israel milagrosamente vuelve en 1948 aparece en escena, como nación reconocida. Eso parecía imposible. Desbandados por toda la tierra, nadie creía jamás que Israel volvería a ser una nación. Y sin embargo, de pronto, tal como los vio el profeta Isaías: "¿Quiénes son esos que vuelan como las nubes y como palomas retornan a sus ventanas?" (Isaías 60:8)...por decenas de miles hasta este día los judíos de todo el mundo han retornado a su tierra. ¡Aleluya!

Mediante la Declaración de Balfour en 1917, el gobierno británico permitió el regreso de los judíos a su tierra natal y en cuatro años la población judía se triplica y llega a 400,000 personas. Tel Aviv, ciudad capital, florece. Millones de árboles fueron plantados, y desiertos y pantanos, considerados incultivables, son tornados en terrenos altamente productivos. Sin embargo, durante la Segunda Guerra Mundial, Hitler mató alrededor de seis millones de judíos. Excavadoras norteamericanas destaparon tumbas en los valles de Alemania donde millones de judíos habían sido asesinados. La matanza fue tan intensa en todos los campos de concentración que, de no haber perdido la guerra, hubiera acabado con todos, durante esos días terribles de la década del cuarenta.

Sin embargo, fue el 29 de noviembre de 1947, cuando las Naciones Unidas, con la aprobación de Estados Unidos y Rusia votaron a favor del establecimiento del nuevo estado judío. El apoyo de la Unión Soviética para los judíos ante las Naciones Unidas, viene como una gran sorpresa para el mundo. Pero era la mano de Dios moviendo a Rusia comunista para ayudar a llevar a Israel a su propia tierra. En Palestina, eufóricas celebraciones se llevan a cabo cuando se enteran de las noticias favorables. Y el 14 de mayo de 1948, fecha en que terminó el control británico de Palestina, Israel, por primera vez en siglos, se constituyó en un Estado independiente.

"ESTA GENERACION"

Mientras Israel está en su tierra celebrando el cuadragésimo año de haberse establecido como nación, nosotros celebramos que se cumple *una generación* de haber reverdecido la higuera. La generación que viera esto, Cristo dijo, que no pasaría sin que todo se hubiese cumplido. La reagrupación de los judíos, el renacimiento y la restauración de Israel como nación, nos señalan que estamos viviendo en la generación en que Cristo regresará. Piense en ello. Usted y yo somos esa generación bíblica de la cual El hablaba. Por lo tanto, mientras ellos celebran que el Mesías viene, nosotros celebramos también que nos vamos con el MESIAS hacia las BODAS DEL CORDERO. ¡Aleluya!

DOS ALTERNATIVAS

Ahora, fíjese que para este evento glorioso, el Rapto de la Iglesia, hay dos alternativas, a cual más clara y más importante.

Primero: Que al nosotros ver un cumplimiento profético tan terrible, tan grande como éste, tenemos que hacer como Cristo dijo:

"Cuando estas cosas comiencen a suceder, vela y ora, en todo tiempo, si quieres escapar" (Lucas 21:28, 36). Es muy importante hacerlo, pues Cristo promete librar los que estén guardando Su Palabra (Apocalipsis 3:10).

El segundo reclamo grande es:

> *"Que el propio Dios de paz os santifique plenamente; y todo vuestro ser, espíritu, alma y cuerpo, sea guardado irreprensible para la venida de Nuestro Señor Jesucristo".*

1 Tesalonicenses 5:23

Quiere decir, que sin SANTIDAD nadie verá al Señor. Cuídese y no se modernice que se va a quedar aquí abajo para los días terribles que vienen. En esta época final tenemos que movernos como dijo el profeta Jeremías: *"Paraos en los caminos y mirad, y preguntad por las sendas antiguas; cuál sea el buen camino, y andad por él, y hallaréis descanso para vuestra alma"* (Jeremías 6:16).

No hay nada más que un buen camino, "UNO". ¿Cuál es el buen camino? ¡Jesús! Gloria a Su nombre. Nadie que crea en cualquier criatura se va en el Rapto, pues eso es idolatría. Recuerde, sólo hay un camino: Jesucristo. Cuídese de las religiones muertas y agárrese de Cristo que no hay nada más que un salvador, Cristo Jesús. Hay que volver a la senda antigua, a las primeras obras de la Iglesia Apostólica que incluyen: Santidad, unidad, amor, fe y poder de Dios. Sea bendito el Señor Jesucristo.

HAY QUE DESPERTAR

Entre las promesas maravillosas que el Señor nos ha dado, para poder alcanzar la plenitud que El demanda de Su pueblo en este tiempo postrero están: "La gloria de esta casa postrera, será mayor que la primera..." (Hageo 2:9); y, "En los postreros días, dice Dios, derramaré de mi Espíritu sobre toda carne, y vuestros hijos y vuestras hijas profetizarán" (Hechos 2:16-17). Es decir, que el Señor nos daría llenura especial, UNCION ESPECIAL para llevar "voz de alerta" de este tiempo y estar llenos de la gloria de Dios para que hagamos Sus obras y AUN MAYORES, y la gloria postrera se manifieste en pleno (Juan 14:12).

Cuando en octubre de 1987, poco antes de salir para Europa, Dios me habló que estaría casi todo el 1988 predicando en Puerto Rico, ya yo anhelaba predicar por más tiempo en Puerto Rico. Pues, año tras año de nuestro ministerio, hemos estado predicando por toda América central y del sur y muy poco en Puerto Rico. Luego, el Señor me dijo: "Habrá unción especial para las campañas en Puerto Rico. Tienes que llevar una 'voz de alerta' a Mi pueblo porque Mi iglesia duerme en Puerto Rico".

Habrá quien se enoje porque digo esto, pero lo tengo que decir, pues es la verdad. Al empezar cada llamado a las almas, en las campañas que Dios ha permitido dar en Puerto Rico, al ver los hermanos cuando se marchan a sus casas, mi corazón llora de dolor. Pues el que está en esas condiciones está dormido espiritualmente y aún no ha entendido lo que es el evangelio. A pesar de que muchos son miembros de las iglesia pentecostales, hay que despertarlos porque en esa condición no se van en el Rapto. Hay que tener AMOR por las almas. Amar más sus almas que a nuestra propia vida y esforzarnos por alcanzarlas para Cristo. Ya nosotros somos salvos. Sólo ellos son el único propósito de que estemos aquí abajo. Ese es el reto movernos en amor y con poder de Dios. Sea bendito el Señor Jesucristo.

136

OBSERVACIONES FINALES

Las dos higueras os muestran lo que ha acontecido a Israel. La primera, "Israel bajo el juicio de Dios" (Marcos 11:11-14). Ya que la higuera es una planta y también tipo del creyente, cuídense los creyentes que no tienen fruto. La Biblia dice: *"Ya el hacha está puesta a la raíz de los árboles; y todo árbol que no da buen fruto será cortado"* (Mateo 3:10). Es decir, que de igual forma que Dios cortó a Israel, todo creyente que no dé buen fruto también será cortado.

Cuando el Señor profetizó esto, hace casi 2,000 años, El señaló el término de una generación al decir: *"De cierto os digo, que todo esto vendrá sobre esta generación"* (Mateo 23:36). Por tanto, aquella generación no pasaría sin ver el juicio terrible que vendría, y en el cual Israel se secaría al igual que la higuera. A los cuarenta años, el término de una generación, se cumplió literalmente lo que Jesús profetizó. Los romanos tomaron a Jerusalén, quemaron el Templo, no dejaron piedra sobre piedra, y los judíos fueron desbandados como esclavos por toda la tierra y matados por múltiples gobiernos impíos. Mientras predicaba, Dios me enfatizaba: "son dos higueras". ¿Cuál es la segunda higuera? Una vez más, Israel, el reloj profético de Dios. Lo único que ahora es, Israel REVERDECIENDO, tal como Oseas y Cristo lo profetizaron diciendo:

"El os ha desgarrado, El nos sanará; El nos ha herido, y nos vendará. Nos dará vida después de dos días".

Oseas 6:1-3

"De la higuera aprended la parábola, cuando sus ramas se ponen tiernas y sus hojas brotan, sabed que el verano está cerca".

Mateo 24:32

A pesar del juicio terrible sobre Israel habían promesas de que el pueblo sería restaurado. Después de casi 2,000 años de exilio y toda esperanza casi perdida, Dios los restaura y ahí están ante los ojos de la humanidad levantándose como nación. ¡Aleluya!

La higuera ya ha REVERDECIDO, sus ramas se ponen tiernas y sus hojas han brotado. En Mateo 24:33-34 Cristo dijo:

> *"Así también vosotros, cuando veáis todas estas cosas conoced que está cerca, a las puertas. De cierto os digo, que no pasará esta generación hasta que todo esto acontezca".*

Esta es la segunda higuera. La restauración de Israel que es ahora una asombrosa realidad ante los ojos de toda la humanidad, nos gritó que: ¡CRISTO VIENE! ¡Prepárese para el encuentro con su Dios!

En 1948 reverdeció Israel, y en 1988, después de 40 años, se cumplió el término de una generación. ¿Quiere decir que Cristo tenía que venir en ese año? Nadie podría decir eso, porque en Su soberanía, Dios puede adelantar, así como atrasar el Rapto de la Iglesia. En Mateo 24:36, Cristo dijo que el *día y la hora* nadie lo sabe, ni aun los ángeles del cielo sino el Padre. Por tanto, el tiempo del regreso del Señor a la tierra es desconocido a todos y reservado sólo a Dios (Deuteronomio 29:29).

Por esto, diariamente oro: "¡Adelántalo! ¡Avanza! Avanza y sácanos ya de aquí, de este mundo depravado. ¡Adelántalo! Que antes de terminarse este año, volemos para el cielo". Ese es mi clamor. Israel fue restaurado el 14 de mayo de 1948, y a mitad del año 1988 SE CUMPLIO esa profecía. Aun así, nadie puede predicar que Cristo viene en determinada fecha. En Su soberanía, Dios puede atrasar un poco más Su venida, dándole así una oportunidad adicional a la humanidad.

Las razones que El tenga, nadie se las puede discutir, pues El es Dios y El es soberano. Pero, una cosa sí decimos, el tiempo se ha cumplido y esta es la última generación. La humanidad actual es la generación que pronto verá desaparecer al pueblo del Señor de esta tierra, y luego verán los juicios más grandes que Dios jamás ha derramado sobre los pueblos.

La restauración de Israel es voz de alerta para que miles de creyentes que están "jorobados" espiritualmente, y algunos con las cabezas casi en el suelo, se levanten. Si se ha dormido espiritualmente o interiormente ha retrocedido en el camino del Señor, levántese y mire hacia arriba. Mantenga su cabeza en alto; no mire más para abajo, sólo para arriba es que hay que mirar. Somos de arriba. Olvídese de este mundo pecaminoso y busque el rostro de Dios. Cristo dijo que cuando viéramos estas cosas, levantemos nuestras cabezas, porque NUESTRA REDENCION SE ACERCA (Lucas 21:28). El Señor dijo que la generación que viere estas SEÑALES cumplirse, no pasaría sin ver Su venida. Han pasado cuarenta años desde que Israel se estableció como nación. Cuarenta años de aprobación mediante guerras y tribulaciones. Cuarenta años que nos gritan fuertemente que debemos esperar a cada momento a nuestro Señor y Salvador en las nubes del cielo. Este es el mensaje: *hay que despertar, hay que estar alerta*. Orando en todo tiempo, si queremos escapar. El tiempo se ha cumplido y sabemos que en cualquier momento el pueblo de Dios vuela para el cielo. Si fuere en este año, o si El prolonga un poco más el tiempo, usted manténgase firme en Su Palabra y llénese del Espíritu Santo para volar cuando sea el momento.

Hermano y amigo, hoy y ahora es el tiempo aceptable para escapar de los juicios más grandes que Dios jamás ha derramado sobre los pueblos. Millares se perderán, pero a usted Cristo le llama hoy. Respóndale, y venga a El, y sálvese porque los cuarenta años de Israel señalan que ¡EL SEÑOR VIENE MUY PRONTO!

CAPITULO 17

HAMBRES Y PESTILENCIAS

En Mateo 24:6-7, Jesucristo predijo que en esta contaminada era nuclear habrá simultáneamente hambres y pestes en aumento. Dijo: *"Y oiréis de guerras y rumores de guerras;... Porque se levantará nación contra nación, y reino contra reino; y habrá pestes, y hambres...en diferentes lugares".* Y esto es lo que exactamente está aconteciendo en nuestros días.

En diversas partes de la tierra la gente muere de hambre, sin embargo, hay suficiente comida en el mundo para alimentarlos a todos. Conforme a las estadísticas, los países industriales desarrollados están en condiciones de alimentarse adecuadamente, mientras que las dos terceras partes de la población mundial está desnutrida y sufre de hambre. Además, en todas las regiones en vías de desarrollo la gente pobre se queda sin alimentos, no por escasez, sino por falta de dinero para comprarlos.

Otra causa principal de esta hambre ha sido el resultado de la destrucción de bosques y la acumulación de alimento. Aún cuando se envían suministros de alimentos para combatir estos problemas, millones de personas no los reciben a tiempo, o solamente alcanzan a una pequeña proporción de los que tienen necesidades críticas. En otras ocasiones, por razones políticas, los comestibles son confiscados por el gobierno y transferidos al ejército para evitar que lleguen a aquellas áreas azotadas por la hambruna.

Miles de millones ya han muerto y morirán de hambre dentro de poco tiempo. Pero es precisamente el hambre en medio de la abundancia y su magnitud asombrosa lo que nos da esta gran SEÑAL de la venida de Jesucristo. En Etiopía mucho más de 300,000 personas han muerto durante la sequía que ha azotado este país y como dos millones de personas se encuentran fuera del alcance de cualquier sistema de distribución de comestibles. Inclusive, los militares han quemado las cosechas.

Como consecuencia del hambre y la sequía cientos han muerto de frío y enfermedades relacionadas con el hambre, tales como diarrea, infecciones respiratorias, desnutrición, cólera y algunos están ciegos como resultado de una deficiencia de vitamina "A". Un total de 40,000 niños mueren diariamente en el mundo por causa de la desnutrición y sus enfermedades. Además, millones de niños tendrán daño cerebral permanente debido a la desnutrición causada por la sequía y el hambre en la India, Brasil y Africa.

EL CABALLO NEGRO

El profeta Juan describe una hora oscura que envolverá al mundo cuando se presente la escasez de comida:

"Miré, y he aquí un caballo negro; y el que lo montaba tenía una balanza en la mano. Y oí una voz de en medio de los cuatro seres vivientes que decía: Dos libras de trigo por un denario, y seis libras de cebada por un denario; pero no dañes el aceite ni el vino".

Apocalipsis 6:5-6

Este jinete sobre un caballo negro trae *hambre mundial.* La voz grita, "un denario por un kilo de trigo". Un denario implica el salario de un día de trabajo (Mateo 20:9-10).

Quiere decir, que habrá tal escasez, que se necesitará el salario de un día para pagar un kilo de trigo. (Poco más de dos libras). Hace algunos días, salió un artículo en el periódico que decía, que durante el transcurso de este año, el grano almacenado en todo el mundo podría alcanzar no más de 250 millones de toneladas métricas, suficiente para durar cincuenta y cuatro días y suplir las naciones. A principios de la década de 1970, la reserva mundial de granos se colocó en un suministro para sesenta días solamente, y los precios del trigó se duplicaron y los del maíz se triplicaron.

El precio del trigo en los mercados mundiales ha subido en 50%, y los analistas anticipan el continuo aumento en su precio. La Biblia dice que se pondrá a un denario por kilo para los días de la Gran Tribulación. Todo nos muestra que nos movemos a pasos agigantados hacia el fin de la edad y que Cristo pronto rescata a Su pueblo de la tragedia que viene. ¿Qué ha provocado la escasez actual? Las SEQUIAS en Norteamérica y en Asia, e INUNDACIONES en otros lugares están reduciendo la producción mundial de trigo, maíz y otros granos, conducentes a la baja más marcada jamás registrada en las reservas de alimentos. TORNADOS y otros desastres meteorológicos también han destruido grandes cantidades de la producción mundial de alimentos. La misma naturaleza provoca la escasez actual.

LA SUPERPOBLACION

Se comenta en los círculos internacionales que uno de los problemas más grandes de la actualidad es el problema de la superpoblación. Lo serio de la situación es que la población del mundo sigue aumentando. Cada minuto, el mundo acoge 150 nuevos habitantes, cada día a 220,000 y cada año más de 80 millones, afirmó el fondo de las Naciones Unidas para la población. Entre 1950 y 1985 la población de los países industrializados aumentó de 800 millones a 1,200 millones; y la población de los países en desarrollo pasó de 1,700 a 3,700 millones de habitantes. Se cree que para el 2000 habrán

143

6 BILLONES DE PERSONAS. El hambre será entonces un caos terrible. ¿Qué significa todo esto? ¡Que Cristo puede regresar en cualquier momento; que está a las puertas! ¡Que Sus profecías respecto a Su segunda venida se han cumplido con toda fidelidad! Amado lector, ninguna cosa de todo lo que dijo el Señor quedará sin cumplirse. Así fue ya en los días de Josué, porque leemos en Josué 21:45: *"No faltó palabra de todas las buenas promesas que Jehová había hecho a la casa de Israel; todo se cumplió".*

Los cristianos no se preocupen. Oren y ayunen más, y acerquémonos más al Señor que pronto comeremos en las mesas del cielo. ¡Aleluya! El HAMBRE MUNDIAL está a las puertas y hay que afirmarse en Cristo a plenitud. Multitudes perecerán, pero los que se afirmen en Cristo escaparán y permanecerán para siempre. La Biblia dice muy claramente por el profeta Joel:

"¡Ay del día! porque cercano está el día de Jehová, y vendrá como destrucción por el Todopoderoso. ¿No fue arrebatado el alimento de delante de nuestros ojos, la alegría y el placer de la casa de nuestro Dios? El grano se pudrió debajo de los terrones, los graneros fueron asolados, los alfolíes destruidos; porque se secó el trigo. ¡Cómo gimieron las bestias! ¡cuán turbados anduvieron los hatos de los bueyes, porque no tuvieron pastos! También fueron asolados los rebaños de las ovejas. A Ti, oh Jehová, clamaré; porque fuego consumió los pastos del desierto, y llama abrasó todos los árboles del campo. Las bestias del campo bramarán también a Ti, porque se secaron los arroyos de las aguas, y fuego consumió las praderas del desierto".

Joel 1:15-20

PESTILENCIAS

Además, Jesús predijo un aumento de las PESTES durante los días del fin. El dijo: *"Habrá pestes y hambres,... en diferentes lugares"* (Mateo 24:7). Sabemos que a medida que crece el número de personas afectadas por el hambre, aumenta el riesgo que se propaguen las enfermedades. Pero en estos tiempos de adelantos en la ciencia médica, las pestes parecen ser cosa del pasado. Sin embargo, el Señor nos dice: *"Yo hablé, y lo haré venir; lo he pensado, y también lo haré"* (Isaías 46:11) . Es por esto que cada pestilencia en esta generación sirve como SEÑAL inequívoca de que efectivamente el regreso de nuestro Señor Jesucristo es inminente. Veamos:

ARMAS QUIMICAS

Nunca antes las PLAGAS habían sido producidas directamente por una agencia humana. Pero hoy día se ha levantado el espectro horrible de la guerra con agentes químicos y biológicos (GQB). Los científicos han preparado cultivos de gérmenes mortíferos en los laboratorios de diversas naciones, de una virulencia diabólica. Además, han descubierto que es posible introducir en la atmósfera o en las aguas, ciertas bacterias que producen las ratas, las moscas y otros organismos. Este descubrimiento se ha convertido en una nueva arma en la guerra y, como consecuencia, en una de las peores pesadillas que se ha tornado en apocalíptica realidad. Es decir, que no solamente la humanidad está sentenciada a un "holocausto nuclear", lo que está causando terror en muchas partes, sino a una guerra con agentes químicos y biológicos (GQB).

Jesús predijo un aumento de las pestes durante los días del fin *"...en diferentes lugares"* (Mateo 24:7). El agente biológico es un arma de largo alcance y puede ser regado desde un aeroplano, cubriendo un área muy extensa, infectando la población que resida en esa área. Durante la Segunda Guerra Mundial, los soviéticos utilizaron estas armas químicas y biológicas, esto es, la elaboración de un "agente en polvo de color pardo amarillento", llamado LEBEDA, que se podía rociar desde naves aéreas. Además, daban de comer a los presos políticos ingredientes tóxicos mezclados en carne molida, y luego observaban minuciosamente las reacciones.

EL ASESINO SILENCIOSO

Una toxina letal, estratégicamente diseminada en Mississippi, "podrá contaminar A UN TERCIO de Estados Unidos". Esta SEÑAL, también pudo verla el apóstol Juan proféticamente ya hace casi dos mil años atrás, cuando describe las terribles PLAGAS finales que vendrán a la tierra durante los días del fin:

"El segundo ángel derramó su copa sobre el mar, y éste se convirtió en sangre como de muerto; y murió todo ser vivo que había en el mar. El tercer ángel derramó su copa sobre los ríos, y sobre las fuentes de las aguas y se convirtieron en sangre".

Apocalipsis 16:3-4

Tanto el océano, como los ríos y las fuentes de aguas, predice la Biblia claramente, serán contaminadas y nuestras reservas de agua llegarán a ser "sangre como de muerto" porque todo ser viviente en ellas morirá. Estas sustancias químicas mortales se utilizan principalmente para envenenar el agua potable ocasionando la muerte a miles, y a otras profusas hemorragias de sangre por nariz y boca. Apocalipsis 8:11 nos dice: *"...y muchos hombres murieron a causa de esas aguas, porque se hicieron amargas"* (venenosas).

El veneno elaborado biológicamente, que ha llegado a llamarse "lluvia amarilla", hace que las víctimas sangren casi por todos los orificios del cuerpo, inclusive por oídos y ojos. Un horripilante informe sobre envenenamientos y muertes por gases neurotóxicos nos dice que provocan una terrible danza de la muerte: dificultades respiratorias, sudoración, náuseas, vómitos, calambres, defecación y micción involuntarias, espasmos y tambaleos. Por último, las víctimas se desploman, convulsan y sucumben por parálisis generalizada

146

y asfixia. Desde mediados de 1981, los soviéticos han estado usando el agente químico conocido como "el asesino silencioso", es tan rápido en sus efectos que las víctimas mueren como congeladas donde están. Actualmente en la guerra de siete años y medio en el Medio Oriente, (golfo Pérsico), en la llamada "guerra de las ciudades" entre Irán e Irak, se están empleando estas armas químicas y biológicas, causando numerosas víctimas civiles entre ellas, mujeres y niños. Familias enteras murieron congeladas en sus hogares. Otros mientras iban conduciendo sus automóviles o caminando por las calles.

Ciertamente, estos desarrollos son otro cumplimiento más de las palabras de Jesús, cuando dijo, *"Y habrá pestes..."* (Mateo 24:7). Y si seguimos la descripción del apóstol Juan sobre el caballo negro, que representa el HAMBRE Y LAS PESTILENCIAS, vemos que él describe otro caballo:

> *"Miré y he aquí un caballo amarillo, y el que lo montaba tenía por nombre Muerte, y el Hades* [infierno] *le seguía; y le fue dada potestad sobre la cuarta parte de la tierra, para matar con espada, con hambre, con mortandad, y con las fieras de la tierra"*

Apocalipsis 6:7-8

Días terribles de muerte vendrán sobre la tierra y la humanidad pecadora cuando cabalgue el CABALLO AMARILLO. Una cuarta parte de la población del mundo estará bajo la potestad de la muerte y eso implica, a base de la población mundial en la actualidad, más de mil millones de muertos. Es decir, que millares perecerán y se irán a ETERNA CONDENACION. Por esto, ahora que aún la puerta está abierta, es la oportunidad de recibir a Jesús y escapar de la ola terrible de muerte que se extenderá por toda la faz de la tierra con guerras, escasez de alimento y enfermedades contagiosas. Las pestes son epidemias de proporciones mundiales para las cuales no existe remedio. En un precumplimiento apocalíptico, ha emergido de las profundidades del mismo infierno, una

147

de las plagas, la más terrible de las actuales: el SIDA; mal que ha arropado, con sus tentáculos opresores, al mundo entero.

SIDA ¿QUE ES?

El Síndrome de Inmuno Deficiencia Adquirida (SIDA), solamente ha existido en esta generación. Es una enfermedad contagiosa que ataca el sistema inmunológico del cuerpo. El virus se introduce por la pared del linfocito, (células encargadas de combatir las enfermedades en el cuerpo), e integra su materia genética a la del linfocito y lo obliga a fabricar réplicas. Una vez penetra en el cuerpo humano, el SIDA puede permanecer oculto e inactivo durante cinco, diez o más años, sin que la persona que lo ha recibido sienta síntoma alguna. Si por alguna enfermedad los linfocitos actúan para defender el organismo, estimulan al virus y convierten al glóbulo en una fábrica productora del virus.

Los mecanismos de defensa del paciente intentan reaccionar, pero no pueden matar la fatal enfermedad. Y mientras tanto, algo mucho más tenebroso sucede: el propio sistema inmunológico del organismo comienza a fallar, porque el virus mata las células encargadas de luchar contra las enfermedades. En ese momento, el virus comienza a multiplicarse a una velocidad vertiginosa, y la persona comienza a verse indefensa ante las infecciones y ciertas formas de cáncer. Al final, como es de todos conocido, estas infecciones matan la persona.

El virus ha sido hallado también en el cerebro, en la superficie interna de los vasos sanguíneos y en las retinas de individuos enfermos del síndrome. El SIDA también destruye el cerebro de sus víctimas. Algunos cerebros de las víctimas de SIDA se encogen. Sus espacios interiores, llamados ventrículos, se dilatan y algunas partes de la importante corteza cerebral parecen arrugarse. Esta evidencia médica continúa demostrando una triste y nueva dimensión del SIDA, ya que una función del sistema circulatorio llamado barrera sanguíneo cerebral previene que muchas sustancias, incluyendo muchas drogas, lleguen al cerebro. Esto crea un santuario para los virus del SIDA, haciendo inefectivos los tratamientos de drogas, ya que no podrán atacar a los virus del cerebro. Por lo tanto, aun en el caso de que los tratamientos pudieran detener la infección del virus del SIDA y el sistema de defensa inmunológico se reconstruya por sí mismo, el daño cerebral SERA PERMANENTE.

LUCHA CONTRA EL SIDA

A pesar de que se ha destinado un presupuesto de 66 millones de dólares para los programas nacionales de lucha contra el SIDA, la investigación y el desarrollo de la información a todos los niveles, AUN ASI NO SE GARANTIZA UNA CURACION para la enfermedad una vez adquirida. Los expertos están plenamente de acuerdo de que es uno de los enemigos más desconcertantes con que se ha enfrentado jamás la ciencia. No logran entender cómo se las arregla el SIDA para matar un organismo tan complejo como el humano. El Síndrome es fatal y existen pocas probabilidades de que el mundo logre una cura efectiva o vacuna contra el virus dentro de los próximos años. Según se desprende de las últimas investigaciones, las células sanguíneas varían de persona a persona en la forma en que reconocen el virus de SIDA. Al no poder lanzar las células de la sangre a la creación de anticuerpos que eliminen el virus, los intentos de producir vacunas para el SIDA han fracasado.

PERO HAY UNA QUE NO FRACASA: EN EL ESTA LA ESPERANZA PARA LOS ENFERMOS DEL SIDA. La Palabra de Dios dice que todo es posible para El. A nuestro Padre, quien hizo todas las células de nuestro cuerpo y las conoce una por una, le plació darnos a Su Hijo Jesucristo, para nuestra salvación y sanidad. "Ciertamente llevó El nuestras enfermedades, y sufrió nuestros dolores,... mas El herido fue por nuestras rebeliones, molido por nuestros pecados... y por SU LLAGA fuimos nosotros curados" (Isaías 53:5). ¡Aleluya!

ORIGEN DEL SIDA

Pero nosotros sí sabemos *"porqué no estamos en tinieblas"*. Esta enfermedad tiene su origen en los pecados sexuales. La perversión sexual es SEÑAL extraordinaria, de que efectivamente estamos en los últimos días antes de la segunda venida del Señor (1 Tesalonicenses 4:16-18). Ya no nos puede quedar duda alguna acerca de las palabras de Cristo: *"Asimismo como sucedió en los días de Lot,... Así será el día en que el Hijo del Hombre se manifieste"* (Lucas 17:28-30).

¿Cómo eran los días de Sodoma, ciudad donde vivía Lot? La homosexualidad era el horrible y más grande pecado de esa época. Tanto que, del nombre de Sodoma se usa el vocablo sodomita para referirse a la persona homosexual (acostumbran a tener relaciones carnales con alguien de su mismo sexo). En la ciudad de Sodoma había multitud de homosexuales. Su pecado era tan abominable, que Dios envió dos ángeles a quemar la ciudad (Génesis 19:5). Literalmente como Cristo profetizó, los días de Lot han vuelto y el pecado de Sodoma se repite otra vez en nuestra generación.

PROPAGACION DEL SIDA

Este virus se transmite más rápidamente por el contacto con la sangre; productos de sangre o semen de personas contagiadas. El SIDA está siendo contraído y esparcido casi totalmente por homosexuales, prostitutas; aquéllos que tienen relaciones sexuales con prostitutas, bisexuales; y aquellos que practican la promiscuidad. Esto es, personas que sexualmente no son fieles a una sola pareja.

La práctica del sexo anal, común entre los homosexuales, supone una fuerte agresión al organismo. Esto no es lo establecido por Dios. Como consecuencia, se producen pequeños desgarros y heridas en la mucosa del canal anal y del recto, que están muy vascularizadas y sangran con facilidad. Tanto el líquido preeyaculatorio, como el semen del que padece la enfermedad, contienen virus activos que pasan a la sangre del receptor, a través de los pequeños desgarros ocasionados en la mucosa rectal. De esa manera se produce el contagio. Cada portador del virus del SIDA puede contagiar a más de cien compañeros sexuales durante un año.

UNA REVELACION ALARMANTE

Es decir, que para que se produzca el contagio, debe de haber una puerta de entrada por la que el virus penetre en la sangre del receptor. Una pequeña herida puede ser suficiente. Como lo ha sido el caso de una enfermera, que accidentalmente se contaminó con el virus, al hincarse con una aguja mientras le extraía sangre a un paciente con SIDA. Es por esto que una de las formas en que el virus se propaga con más rapidez, es cuando el adicto comparte las agujas para inyectarse drogas ilegales. La sangre de la persona infectada puede quedar en la aguja o la jeringuilla, y después ser inyectada directamente en la corriente sanguínea de la siguiente persona que usa la aguja.

Además, se ha determinado un número considerable de casos heterosexuales, en los cuales, esta epidemia global le es transmitida por medio de inyecciones médicas con agujas mal esterilizadas, transfusiones de sangre contaminadas por el SIDA y trasplantes de órganos.

INOCENTES CON SIDA

El SIDA, también ha sido transmitido a mujeres casadas que ignoran que sus esposos son bisexuales, usan drogas o han tenido relaciones con personas portadoras del virus. Al obrar así infectan a su cónyuge inocente, a sus hijos por nacer y es por este motivo que muchos hogares de mujeres cristianas se han visto afectados por este terrible mal.

Pero, las víctimas más inocentes de esta PLAGA implacable del SIDA son los NIÑOS recién nacidos de madres adictas a las drogas, que han enfermado por el uso de agujas hipodérmicas contaminadas, o que entran en la prostitución como medio para obtener dinero para poder mantener su adicción a las drogas. Así como, los niños nacidos de madres que han sido contagiadas durante el acto sexual por hombres enfermos.

En forma directa el feto se contagia en el útero de la madre contaminada con el virus del SIDA, pues durante el embarazo la sangre de la madre y el niño se intercambian. Una tercera parte de los niños enfermos de SIDA quedan huérfanos o son abandonados después de nacer, y algunos mueren sin haber abandonado nunca el hospital. Son pequeñas criaturas inocentes sufriendo las consecuencias del pecado de los padres.

Según la ciencia médica, el SIDA pediátrico en el primer año de vida, es el más difícil de diagnosticar de todos los casos de SIDA. Dice la Biblia, que de igual forma en que Dios trastornó a Sodoma y Gomorra **"castigará al mundo por su maldad, y a los impíos por su iniquidad"** (Isaías 13:19, 11). Y como consecuencia del pecado, *"Sus niños serán estrellados delante de ellos,... y no tendrá [Dios] misericordia del fruto del vientre, ni Su ojo perdonará a los hijos"* (Isaías 13:16, 18).

En cambio, entre las bendiciones que Dios promete a los que oigan, guarden y pongan por obra Sus mandamientos está: *"Bendito serás tú en la ciudad, y bendito tú en el campo. Bendito el fruto de tu vientre"* (Deuteronomio 28:1-4). No podemos ir contra la Palabra de Dios. El hombre ha estado sembrando sensualidad, desnudez y tolerancia sexual.

Gálatas 6:7, nos dice:

"No os engañéis; Dios no puede ser burlado: pues todo lo que el hombre sembrare, eso también segará. Porque el que siembra para su carne de la carne segará corrupción; mas él siembra para el Espíritu, del Espíritu segará vida eterna".

Mientras más promiscuo el estilo de vida, mayores las probabilidades de contraer SIDA. El apóstol Pablo previno:

"Huyan de la inmoralidad sexual... el que comete inmoralidad sexual peca contra su mismo cuerpo" (1 Corintios 6:18).

Esta enfermedad se ha extendido ya prácticamente por toda la tierra. La Organización Mundial de la Salud (OMS) calcula que un total de 100,000 casos han ocurrido hasta la fecha y que entre diez a diez millones de personas en el mundo están infectadas por este virus, sin que al momento, se les haya manifestado la enfermedad. Entre 1970 y 1987, se registraron 150,000 nuevos casos en el mundo. Si esta pestilencia sigue creciendo, lo cual ocurrirá como hasta ahora, para la principios de la década del 90 habrá alrededor de 450,000 casos de SIDA en el mundo.

RESURGEN ENFERMEDADES CONTAGIOSAS

Enfermedades importantes, tales como el cólera, la fiebre amarilla, peste bubónica, encefalitis y la enfermedad del sueño, causada por la picadura de una mosca llamada "tsetse", han resurgido causando decenas de muertos, principalmente en Africa.

Además, se han duplicado los males venéreos, tales como los casos de sífilis, herpes y gonorrea, los cuales constituyen un peligro para la propagación del SIDA, porque las úlceras sirven de puntos de entrada y salida al virus. Los profesionales de salud están alarmados por este aumento agudo y dramático en casos de sífilis, al igual que en las infecciones con tipos de gonorrea resistentes a la penicilina. En veinte años, no habían visto aumentos de esta magnitud en la sífilis.

La sífilis se transmite 95% de los casos por contacto sexual, pero podría transmitirse por "laceraciones" en la piel o por agujas infectadas o transfusiones de sangre. Esta enfermedad se caracteriza por llagas purulentas en los genitales, llamados chancros, que no producen dolor. En su segunda etapa, causa erupción en las distintas partes de la piel y si no se trata a tiempo podría invadir el sistema nervioso central, causando ceguera, locura y la muerte. Es una peligrosa enfermedad, sumamente contagiosa.

SEÑALES DE SU VENIDA

Los efectos prolongados de debilitamiento, que causan las enfermedades venéreas, son superiores a los de cualquiera otra enfermedad. Los archivos médicos contienen miles de casos de esterilidad, de enfermedades de casi todos los órganos del cuerpo y, en el caso de sífilis, de locura sobrevenida muchos años después del contagio inicial. Las enfermedades venéreas son una PLAGA de úlceras rebeldes a todo medicamento y un precumplimiento profético de Apocalipsis 6:2:

"Fue el primero, y derramó su copa sobre la tierra, y vino una úlcera maligna y pestilente sobre los hombres que tenían la marca de la bestia, y que adoraban su imagen".

PLAN ORIGINAL DE DIOS

La Biblia establece, en Génesis 1:27, que al crear Dios al hombre *"...varón y hembra los creó"*. El matrimonio entre un varón y una mujer, es el marco dentro del cual debe haber relaciones sexuales según lo dispuesto por Dios.

"Por tanto, dejará el hombre a su padre y a su madre, y se unirá a su mujer, y serán una sola carne"

Génesis 2:24

Dios creó al hombre para la mujer, y la mujer para el hombre, para que se unieran en matrimonio limpio y puro delante de El.

Hoy día, la ciencia médica se ha visto obligada a reconocer que la única forma segura de no contraer SIDA por la vía sexual es la castidad antes del matrimonio y la fidelidad mutua dentro del mismo, *de acuerdo al plan original de Dios*. Pero el diablo, que ha tratado desde un principio de pervertir y destruir todo lo que Dios ha creado, *"engaña al mundo entero"* (Apocalipsis 12:9). Es por ello que el mundo se ha entorpecido con la sensualidad y la lujuria, pues le ha implantado conceptos sexuales errados. Por tanto, para gran parte de la humanidad el sexo fuera del matrimonio es "normal"; la

154

fornicación, la conducta homosexual y el lesbianismo, son moralmente permisible.

Tampoco debemos partir de la falsa premisa de que la homosexualidad es permitida en la Biblia. La homosexualidad es obra de demonios sodomitas que hacen sentir al varón como si fuera mujer, y a la mujer como si fuera varón. Esto viola y pisotea la Ley de Dios y provoca juicio de Dios como le sucedió a la ciudad de Sodoma, la cual fue destruida para que no contaminar el resto de la tierra. Jesús dijo: *"...mas el día en que Lot salió de Sodoma, llovió del cielo fuego y azufre, y los destruyó a todos"* (Lucas 17:30).

A consecuencia de la corrupción de los últimos tiempos, la Biblia nos dice:

"Pues habiendo conocido a Dios, no le glorificaron como a Dios, ni le dieron gracias, sino que se envanecieron en sus razonamientos, y su necio corazón fue entenebrecido. Profesando ser sabios, se hicieron necios, y cambiaron la gloria del Dios incorruptible [pues Dios nos ha creado a su imagen y semejanza] *en semejanza de imagen de hombre corruptible, de aves, de cuadrúpedos y de reptiles. Por lo cual, también Dios los entregó a la inmundicia, en las concupiscencias de sus corazones, de modo que deshonraron entre sí sus propios cuerpos, ya que cambiaron la verdad de Dios por la mentira, honrando y dando culto a las criaturas antes que al Creador, el cual es bendito por los siglos. Por esto Dios los entregó a pasiones vergonzosas; pues aún sus mujeres cambiaron el uso natural por el que es contra naturaleza, y de igual modo también los hombres, dejando el uso natural de la mujer, se encendieron en su lascivia unos con otros, cometiendo hechos vergonzosos hombres con hombres, y recibiendo en sí mismos la retribución debida a su extravío".*

Romanos 1:21-27

Fíjese que cuando el ser humano vive en maldad y apartado de Dios no tiene protección del Altísimo, y está expuesto al ataque de todo tipo de demonio, incluyendo los espíritus malignos que causan la homosexualidad. Si el hombre busca

a Dios y guarda Su Palabra, habrá PROTECCION DIVINA
para él y para sus hijos. Gloria a Dios.

¿HAY ESPERANZA PARA LOS CAUTIVOS DEL SIDA?

La ciencia médica no ha podido sanar un solo caso· de
SIDA, pero en nuestras campañas evangelísticas, hemos visto homosexuales libertados en forma gloriosa y, además,
muchos sanados del terrible mal (SIDA), que han dado nega-
tivo a los análisis médicos. Algunos se han sanado por las
oraciones a través de la radio y han venido a testificar a los
cultos perfectamente sanos por el poder de Dios. Jesucristo
es el mismo, ayer, hoy, y por todos los siglos.

¿Qué tiene que hacer entonces el homosexual y otros
pecadores? Reconocer que solamente el PODER DE JESU-
CRISTO puede librar a la humanidad de la maldición actual
que les envuelve por causa de su propio pecado. Cristo vino
a deshacer las obras del diablo (1 Juan 3:8).

La homosexualidad, al igual que todo tipo de maldad y
depravación, es obra de Satanás y sólo el Señor Jesucristo
puede romper ese yugo y libertarlos. La Palabra de Dios dice:
"Si el Hijo de Dios os libertare seréis verdaderamente libres"
(Juan 8:36).

ADVERTENCIA DE DIOS

El SIDA, es sólo una advertencia más de Dios a esta
generación torcida, de lo que sucede cuando el ser humano se
mueve fuera de la obediencia a Dios. Es un anticipo de lo que
PRONTO sucederá en esta tierra por causa de la depravación
y la violencia en que se mueve la humanidad. Cristo dijo en
Mateo 24:21:

*"Viene una grande tribulación, como nunca antes se ha
visto, ni se verá jamás, y si no acortare esos días,
ninguna carne será salva".*

El escenario está preparado y todo nos grita que CRISTO VIENE. Los precios altos, la escasez de alimento, las enfermedades contagiosas y la depravación de esta humanidad, son grandes señales y advertencias de Dios al mundo, de que efectivamente, Cristo viene ya. Algunos verán y serán partícipes de Su gloria, pero otros fallarán al llamado y verán los juicios más grandes que jamás Dios ha derramado sobre las naciones. Si todavía no es un hijo de Dios, entonces el Señor le dice: ¡Escape por su vida!

De manera impresionante, Lot recibió esta invitación de parte de Dios por sus ángeles, antes de destruir a Sodoma y Gomorra. Ahora será igual. Los creyentes firmes en Cristo, serán sacados de la tierra, antes de que la IRA TERRIBLE DE DIOS sacuda las naciones. Por tanto, no titubee más: ¡Huya de la vida pasajera a la vida eterna, infinita y bienaventurada! ¡Huya de este mundo maduro para el juicio, al abrigo del eterno Dios; a Jesucristo!

CAPITULO 18

REVELACIONES CON RESPECTO A SU VENIDA

E l libro de los Hechos 2:17-18, dice:

> *"Y en los postreros días, dice Dios, derramaré de Mi Espíritu sobre toda carne. Y vuestros hijos y vuestras hijas profetizarán* [profetizarán de este tiempo postrero]; *vuestros jóvenes verán visiones* [visiones sobre este tiempo final]; *y vuestros ancianos soñarán sueños* [sueños sobre este tiempo del fin]; *y de cierto sobre mis siervos y siervas, en aquellos días derramaré de mi Espíritu, y profetizarán"*

Fíjese que la Biblia profetiza, que en los últimos días, Dios estaría revelándose a la gente en forma sobrenatural. El daría múltiples revelaciones, especialmente anunciando el PROXIMO RETORNO de Jesucristo el Redentor, y que al anunciar Su venida, señales y milagros seguirán a nuestro mensaje. ¡Aleluya!

Si es que estamos a punto de volar, esta profecía también tiene que estarse cumpliendo. Esta será la última SEÑAL que vamos a discutir para concluir nuestro estudio. Por lo tanto, me limitaré solamente a las experiencias personales que he tenido en cuanto a estas señales. ¡Gloria a Dios!

¡PROFECIA!

Cuando Dios me llamó a predicar, la noche que me bautizó con su Espíritu Santo me habló con voz audible: *"¡Profecía, Profecía, Profecía!"* Inmediatamente entendí en mi espíritu que ése sería el mensaje principal que predicaría. Como la profecía incluye muchísimos aspectos, pocos días más tarde, el Señor me apartó en ayuno por espacio de siete días. En una de esas noches, al Dios hablarme el mensaje específico del RAPTO, Su mano apretó mi mano izquierda fuertemente y desde entonces la bendición del Espíritu Santo corre por esa mano todo el tiempo. Ahora mismo, mientras escribo, el Espíritu corre como "ríos de agua viva" por mi mano izquierda como recordándome que hay Rapto, que predique y enseñe sobre esto. ¡Aleluya! El mensaje fue literalmente el siguiente:

FRUTOS MADUROS

Me vi predicando el "Mensaje del Rapto", y por mi boca el Espíritu Santo hablaba estas palabras: *"Con qué compararemos el Rapto de la iglesia" Es semejante a un agricultor que tiene una finca, y está a punto de recoger la cosecha, pero encuentra que algunos frutos han MADURADO primero, y El dice: He de recogerlos porque podrían caerse y podrían perderse".* Ese es el RAPTO que se acerca.

Con estas palabras entendí claro mi llamado. Dios me revelaba que predicaría *profecía*, pero específicamente el tema sobre el Rapto de la Iglesia, un arrebatamiento en el cual, *frutos maduros se van y frutos verdes se quedan.* O sea, hombres y mujeres maduros espiritualmente, con fruto, apartados del mundo a toda plenitud, viviendo en santidad y llenos del Espíritu Santo se van en el Rapto (Hebreos 12:14). Hombres y mujeres tibios, sin fruto, desobedientes, mundanos e hipócritas se quedarán y como higueras estériles se secarán hasta las raíces.

160

Por lo tanto, si está "tibio", ¡caliéntese, que hay fuego en Jesús! Lo más que hay es "fuego", el cual es manifestación especial del Espíritu Santo. Jesús dijo: *"¡Fuego he venido a traer a la tierra y cuánto deseo que ya esté encendido!"* (Lucas 12:49. La Biblia nos dice que somos antorchas encendidas de luz y que somos la luz del mundo (Mateo 5:14). Por lo tanto, ¿por qué tiene que permanecer apagado?, ¡enciéndase, que se va a quedar! ¡Llénese del Espíritu Santo que el día del vuelo se acerca! Amén.

ESPIRITU-CRISTO-88

Esas fueron las primeras dos revelaciones que Dios me dio sobre el mensaje que iba a predicar. La tercera fue impresionante para mí, pero en aquel momento yo no entendí lo más importante. Hace más de veintiséis años el Señor me mostró el Rapto de esta manera:

En esa visión yo vi el RAPTO y cuando me levantaba de la tierra. Iba volando a tal velocidad que, apenas subía iba ya pasando a la altura de las nubes del cielo. Cuando iba atravesando las nubes hacia lo alto, miré hacia abajo y vi los periódicos que por miles salían directamente de la prensa con letras negras enormes. Los veía salir de la máquina de imprimir, tal como usted los ve hoy en día en las películas o en la televisión. Las portadas de los periódicos en letras muy negras enormes decían: "ESPIRITU-CRISTO".

Al leer esto, inmediatamente entendí que informaban a la gente que el Espíritu del Señor había levantado un pueblo. Vi entonces, multitudes que se movían desesperados en todas direcciones. Entendía que sentía la desesperación de tantos que se habían quedado, pero el Espíritu Santo me mostró que no eran sólo pecadores, sino también hermanos tibios, miembros de las iglesias evangélicas que habían sido dejados en la tierra.

Además, pude ver que al lado de esas dos palabras enormes aparecía también un ""88"" gigante. Es decir, que el mensaje completo en la portada de cada periódico era: "ESPIRITU-

CRISTO-88". Como el Señor no me explicó el significado de ese enorme "88", no entendí lo que quería decir. Pero Dios tiene un momento determinado para todo, y ¿para qué me lo iba a explicar más de veinticinco años atrás? Sólo tenía que esperar el momento de Dios cuando ese "88" tuviese la importancia decisiva para toda la humanidad.

De esta revelación hace más de veintiséis años y, precisamente en el año 1987, mientras enseñaba en una conferencia, en Los Angeles, California, sobre "La Iglesia y la Gran Tribulación", me dijo el Señor: "Ahora es el momento de explicarte lo que significa aquel enorme "88" que te mostré hace tanto tiempo. Ese "88" es el año en el cual se cumpliría el término de una generación (40 años) de haberse establecido el estado de Israel. Era el año cuando el pueblo estaría a punto de volar, pues todo se habría cumplido. Fue un año de advertencia, de alerta". Es decir, que estamos en días de buscar a Dios como nunca antes, de dar testimonio a la humanidad, de limpiarse por dentro y por fuera, y llenarse del Espíritu Santo para irse en el Rapto, pues todo se cumplió y el Rapto ocurrirá en cualquier momento.

Dios no me dijo en ningún momento que el Rapto era en el 1988, pero sí me mostró que era un AÑO DE ALERTA, cumplimiento de todas las cosas. Y ¡ojalá Dios no se atrase mucho! Esto está tan malo y pervertido aquí abajo, que nuestro anhelo profundo es que Cristo venga por Su pueblo. Con estas palabras estoy expresando, única y exclusivamente mi sentir, porque el jefe es el SEÑOR. Nadie puede decir que el Señor viene en determinada fecha porque sería una declaración irresponsable, antibíblica y traería confusión, ya que el día y la hora nadie lo sabe, sino el Padre (Marcos 13:32). Lo importante es que estemos preparados como si fuera HOY, pues TODO ESTA CUMPLIDO. ¡Aleluya!

UNO SERA TOMADO, OTRO DEJADO

Aunque sabemos que el Señor está a punto de venir, no hay que dejar los trabajos. ¡No, en ningún momento! Durante la campaña en Mayaguez, Puerto Rico, el Señor me mostró muy claro: "No hay que dejar los trabajos. Estoy a punto de levantar Mi pueblo, pero no hay que dejar los trabajos". Es lo mismo que dice el Señor en Lucas 17:34: *"Dos mujeres estarán moliendo juntas: la una será tomada, la otra será dejada..."*

Es decir, que en aquel día en que sonará la trompeta, estarán dos mujeres trabajando, pero la que esté llena del Espíritu, aunque en ese momento esté trabajando, se irá con el Señor. Pero, a la que le falte el aceite, la llenura del Espíritu, se quedará trabajando. Por lo tanto, si usted está en la escuela y está lleno del Espíritu, viviendo la Palabra, testificando a los estudiantes, alertándoles sobre el juicio que viene y presentándoles a Cristo como su única esperanza, de ahí volará al encuentro con el Señor dejando testimonio de que se fue el pueblo de Dios para el cielo.

No hay excusa para no estar lleno del poder de Dios y lleno de la santidad que Dios demanda, por causa de usted estar trabajando o estar estudiando. Yo estuve siete años en mi trabajo predicando, y en esos siete años oraba cuatro, cinco y seis horas diarias y ayunaba con frecuencia. Me levantaba como a las cuatro de la mañana y cuando iba para la escuela, ya tenía tres horas de oración. Los sábados y domingos buscaba a Dios con todo. Y, diariamente, al salir de la escuela, llegaba a casa como a las cuatro de la tarde y de ahí en adelante me dedicaba a la Palabra, y luego me movía predicando arriba y abajo, sirviéndole a Dios. ¡Aleluya!

Durante esos años, di testimonio en la escuela a muchos: al director, a los maestros y a los estudiantes. Al mediodía me traía los estudiantes para mi hogar y en el sótano, donde antes levantaba pesas, estábamos hasta las 12:50 p.m. orando. A esa hora salíamos corriendo, sin almorzar, para la escuela. Fueron momentos inolvidables, ya que Dios bautizó a muchos con el Espíritu Santo, y se convirtieron multitud de jóvenes y se sanaron de diversas enfermedades.

En el lugar que Dios le ha colocado, es ahí donde usted tiene que brillar, que resplandecer y hablar la Palabra de Dios a tiempo y fuera de tiempo (2 Timoteo 4:2). Mientras enseñaba Biología, también enseñaba a Cristo. Y cuando me llevaron al departamento de Instrucción Pública para expulsarme de la escuela porque "hablaba de religión", llegué con mi Biblia en mi mano y en el momento de la entrevista, les dije: "Nunca he hablado de religión. Solamente les hablo de Jesús para que ellos se aparten del mal". Entonces, la persona que me estaba atendiendo, me dijo que me fuera y le siguiera hablando de Cristo a los estudiantes. Gloria a Dios. Ese día me había ido en ayuno y oración, clamando a Dios en todo momento: "A mí no me expulsa nadie hasta que TU no me saques. Sólo TU me puedes sacar". Antes de salir, le regalé tratados de mi testimonio a la persona que me investigó.

Esta es la época, hermano. Es ahora o nunca. Es una época de alerta, un momento de aviso. Hay que despertar y buscar a Dios con todo, porque estamos A PUNTO de volar para el cielo. En el trabajo y en el estudio, mantenga su mente en Cristo. A cada rato háblele a Dios: "Señor, si suena la trompeta, ¡me voy contigo!" El día y la hora nadie lo sabe (Mateo 25:13). Nadie puede poner fecha de ninguna clase, pero sabemos que las SEÑALES nos indican que *"no estamos en tinieblas para que ese día nos sorprenda como ladrón"* (1 Tesalonicenses 5:4). Estamos esperando a ese Cristo que viene como ladrón en la noche a llevarse a Su pueblo. Ese es el Rapto (Apocalipsis 16:15). ¡Bendito sea Jesús!

LA PARTE DE LA CIUDAD

Después de esta revelación, Dios me dio otra experiencia mientras dormía. Vi cuando me levantaron de la cama y me sacaron de mi hogar. Cuando vine a ver estaba de pie sobre una colina altísima. A la distancia veía una ciudad, de lo más bello que se pueda imaginar. Mientras miraba la preciosa ciudad, oí una voz que me dijo: "Esa es la parte de la ciudad que ya está preparada, donde pronto vivirán los PRIME-

ROS". ¿Por qué diría los "primeros"? Porque solamente se va el pueblo que esté maduro y lleno del Espíritu. El pueblo que esté preparado, que tenga fruto y esté limpio por dentro y por fuera. El pueblo que realmente es Cuerpo de Jesús es una Iglesia santa, inmaculada, sin mancha ni arrugas. Son creyentes encendidos en el fuego de Jesús, muy conscientes de la próxima venida de Cristo.

LA PALOMA DE ORO

Luego de esta revelación, el Señor me dio otra nueva experiencia. Recuerdo que miré hacia el cielo, y arriba, a la altura de las estrellas, vi una palomita doradita, la cual parecía de oro. De pronto, mientras observaba sorprendido aquella palomita dorada, vi cuando comenzó a descender. Ante mis ojos, descendía rápidamente hacia la tierra, hasta que llegó a la misma altura de las nubes del cielo. Entonces su tamaño era tan grande que cubría toda la tierra. ¡Aleluya!

Vi como los extremos de sus alas y su cola sobresalían por entre las nubes. Mientras miraba oí súbitamente la voz del Señor cuando me habló y me dijo: "Mi siervo, esa es la paloma del Espíritu Santo que está descendiendo para arrebatar un pueblo que está a punto de irse conmigo para el cielo". Es el Espíritu Santo quien va a levantar el pueblo. Por esto es que tenemos que permanecer en El, y El en nosotros, para que El pueda levantarnos (1 Juan 4:13). Sea bendito el nombre de Jesús.

"CUANDO LOS SANTOS MARCHEN YA"

También recuerdo que, en otra ocasión, "miré hacia el cielo y vi que subían hacia lo alto figuras blancas, como copos de nieve. Cuando asombrado exclamé: "¡Qué cosa linda!", en ese instante oí una voz que me dijo: 'Eso es lo que cantan en la iglesia al decir: Cuando los santos marchen ya'. Y tú eres uno de los que te vas". Entonces, lleno de gozo di el salto, vi que mi mamá empezó a levantarse y una nube la envolvió.

Mientras ella siguió subiendo en la nube hacia el cielo, aún podía escuchar: "Es lo que cantan en la iglesia: ¡Cuando los santos marchen ya...! Gloria a Dios".

Entienda, no son los mundanos los que se van. No son los tibios los que se van. Son los SANTOS los que se irán. No lo cante y viva después de otra manera. Cántelo y VIVALO. Bendecido sea Su nombre.

"LOS QUE SE IRAN, SERAN POCOS"

Algo decisivo e impresionante es esta última revelación que voy a narrar. Aún trabajaba como profesor en la Escuela Superior de Camuy, cuando al llegar a las doce del mediodía a mi casa, se me fue el deseo de almorzar y me puse a orar un ratito. Me encerré en una habitación, esperando orar alrededor de media hora, ya que entraba a la 1:00 p.m. al trabajo. Sin embargo, entré en una unción de oración tan tremenda, que oraba y oraba sin cesar, y cuando creía que habían pasado veinticinco ó treinta minutos, pensé orar algo más y seguí adelante.

Cuando consideré que habían pasado unos cuarenta minutos, abrí los ojos para pararme e irme para la escuela, y cuán grande fue mi sorpresa al ver que ya era de noche. Inmediatamente le dije al Señor: "¡Dios mío, falté a la escuela!". Entonces, escuché la voz del Señor cuando me habló muy clara y audiblemente: "MI SIERVO, LOS QUE SE IRAN, SERAN POCOS". Quedé temblando al escuchar Su voz, pues fue impresionante ver cómo el Señor me tuvo siete horas de rodillas, en una unción sobrenatural, para hablarme algo tan decisivo con voz audible.

Y, ¿por qué diría el Señor que los que se van serán "pocos"? ¿Qué estatura espiritual demanda la Biblia para poder escapar? La Biblia dice que gente llena del Espíritu Santo como las vírgenes prudentes, llenas las lámparas y llenas las vasijas, se irán. Gente con fruto, testificando a la humanidad y santos en espíritu, alma y cuerpo se irán (1 Tesalonicenses 5:23). Gente apartada del mundo y con una vida de abundante oración volarán al cielo (1 Juan 2:15-17). Ese tipo de creyente es el que tiene oportunidad de participar del reino de los cielos que pronto se manifestará en esta tierra.

Cada pastor piense en su congregación: ¿Cuántos están así en su congregación? Hay que enseñar eso todos los días hasta que esta doctrina se le incruste en el espíritu a los creyentes, y entren en la consagración que Dios demanda. Esta es la última oportunidad que tendremos para alcanzar esa estatura espiritual.

"MIS MINISTROS TIBIOS SE QUEDAN"

Durante los días de la campaña en el Bo. Lijas, Las Piedras, en Puerto Rico, el Señor me habló algo que yo temblé. Me dijo: "¡LO TIENES QUE HABLAR!" Y yo le respondí: "Sí, Señor, lo haré. Temblando será, pero lo voy a hablar". Así me dijo el ESPIRITU SANTO: "DILO EN TODAS las campañas y dilo dondequiera que estés: Que miles y miles de ministros de Mi evangelio están tibios y se quedan. Pronto oirán por los medios noticiosos, que miles se desaparecieron. Será trágico para ellos, pues pasarán la vergüenza, como Eliseo, de ser burlados aquí abajo. Se han descuidado en la oración, el ayuno y la Palabra. Ya leen novelas mundanas igual que cualquier inconverso y ven televisión mundana continuamente. Están tibios y están mundanos y así no se van en el Rapto. El Rapto es para gente que vive en santidad y estén guardando mi Palabra" (Apocalipsis 3:10).

Es decir, que en el Rapto no se va nadie por ser pastor ni evangelista. No se va nadie por ser un gran líder, o ser profeta, o ser apóstol, ni por ser maestro. Nos vamos si estamos LLENOS del Espíritu Santo, si estamos limpios, santos y fervientes en el Señor y viviendo en el primer amor con Cristo (Apocalipsis 2:4).

Amado hermano, yo he visto con mis propios ojos en las campañas, cómo "ministros" (y al decir esto no estoy diciendo cuál ministerio; puede ser evangelista o pastor, o cualquier otro ministerio) mientras todo el pueblo está alabando y el poder de Dios está cayendo como lluvia, ellos están con sus brazos cruzados, mirando para todos lados, supervisando la alabanza. Es triste mencionarlo, pero lucen más muertos que vivos, pues sólo los muertos no alaban.

Son días finales y peligrosos los que estamos viviendo. Por esto, ahora es que hay que llenarse, pues los calientes son los que se van. No se va nadie si no está caliente. Así que ¡caliéntese y reprenda ese demonio tibio! Eche al diablo mundano fuera de su vida ya y busque a Dios de todo corazón. Pues así nos dice el Señor:

"Por esto pues, ahora, dice Jehová, convertíos a mí con todo vuestro corazón, con ayuno y lloro y lamento".

Joel 2:12

Dios demanda ahora al pueblo a consagrarse más, y especialmente a orar y ayunar con profunda humillación. En esta forma, multitud de evangélicos tibios se calentarán, El los colmará de Su gracia y junto a usted serán arrebatados en el día que viene. Gloria a Dios.

A mitad de una campaña en los Estados Unidos, se me acercó un pastor y me dijo: "Mi esposa y yo venimos a convertirnos". Me explicaron: "Acostumbrábamos ver televisión hasta las dos de la mañana. Sé de memoria los promedios de bateo de los peloteros de las Grandes Ligas. Sin embargo, después de escuchar su mensaje el Espíritu Santo redarguyó nuestros corazones". Este pastor tenía una de las iglesias más grandes de la ciudad y cooperó conmigo como nadie. Yo sentía un amor muy grande por él, pero le dije: "Estás perdido, vamos a orar". En ese momento ambos se tiraron de rodillas a llorar y empezamos todos a orar. Ellos clamaron a Dios como nunca antes, y como consecuencia de esta nueva consagración, la diabetes en él desapareció. El Señor lo sanó. Ella padecía de alta presión y también recibió sanidad. Varios días después, me dijeron: "Estamos llenos de la gloria de Dios. Ahora estamos seguros que si suena la trompeta, nos vamos para arriba. Además, hemos sacado el televisor de la casa". Alabado sea Dios.

No quiero que usted entienda que yo le estoy diciendo que no tenga un televisor en su casa y que, si lo tiene, está perdido. Si usted tiene un televisor para ver programas cristianos y tiene una máquina de video-cassette para ver material cristiano y edificarse, nadie puede decir que usted está perdido. Pero, si tiene el televisor para ver lucha libre, boxeo, juegos de pelota y pierde su tiempo viendo programas mundanos, está bien perdido y es un enemigo de Dios (Santiago 4:4). Sonará la trompeta, y ni siquiera oirá el llamado.

Usted puede ser un pentecostal o de otra denominación, pero si no es un cristiano desposado a un solo esposo y lleno de pureza, no se irá en el Rapto que viene. ¡No se enoje conmigo, que yo le amo! pero Dios me dijo que trajera una VOZ DE ALERTA y tengo que hacerlo. Voz de alerta que DESPIERTE al pueblo, a los ministros y a todos los interesados, porque el Rapto es para todos los creyentes que están calientes y firmes en el Señor.

NIÑOS SERAN ARREBATADOS

Hace apenas unos días, y así lo dije a los hermanos del Escuadrón, el Espíritu Santo me habló lo siguiente: "Los padres y madres que estén tibios en el evangelio, al momento del Rapto se quedan, pero ME LLEVARE sus hijos..." Entendí en mi espíritu que al hablar estas palabras, el Señor no se refiere a los hijos mayores de edad, los cuales son ya responsables de sus actos. Sino a los hijos de un año, dos, cinco, seis o siete años de edad, que todavía son criaturas puras e inocentes que no tienen convicción de pecado.

El Espíritu continuó diciéndome: "Me los llevaré porque tengo derecho legal sobre ellos, porque me los entregaron. Por lo tanto, son míos. Son mi propiedad y mi propiedad no la voy a dejar aquí abajo. Me llevaré sus hijos, para que estos padres que se queden en la Tribulación sin los niños, tengan libertad para buscarme como deben estar haciéndolo ahora".

PERSECUCION Y MARTIRIO DE LOS SANTOS

Hay gente que va a llorar lágrimas de sangre cuando suene esa trompeta, al encontrarse solos en sus hogares y notar que hasta sus hijos les han sido quitados por el Señor y que les esperan años de gran aflicción y persecución; pues el anticristo le será dado hacer guerra contra los santos y vencerlos (Apocalipsis 13:7). En Mateo 24:21-22, Cristo dijo que si los días terribles de la Gran Tribulación no fuesen cortados NADIE SERIA SALVO. Son días de juicio y de ira los que vendrán sobre este mundo impío y depravado.

La Biblia muestra que serán siete años de terrible persecución, hambre y martirio para los que se queden. Durante estos años, multitudes de creyentes serán martirizados y degollados *"por causa de la Palabra de Dios y a causa de su testimonio"* (Apocalipsis 6:9). Es decir, que en el momento que mantengan su testimonio: "Sí, soy de Cristo", serán perseguidos, torturados y muertos a causa de su compromiso con Cristo.

EL TIEMPO DE ANGUSTIA

El dramático tiempo de angustia que está por venir, dará comienzo con *"la abominación desoladora de que habló el profeta Daniel"* (Mateo 24:15). Es decir, que en el momento en que el anticristo profane el Templo en Jerusalén, reedificado por los judíos en los últimos días, y quite el sacrificio diario del Templo y haga que el santuario sea echado por tierra (Daniel 8:11-14, 17, 24-25); ahí empieza la Gran Tribulación, o sea, los últimos tres años y medio de esta edad.

La advertencia de Cristo al pueblo judío que en ese tiempo esté en Judea es: *"...huyan a los montes"* (Mateo 24:16). Les aconsejó además, *el que esté en el tejado, no baje a su casa para tomar algo; y el que esté en el campo, ni vuelva atrás a buscar ropa; si no huyan con suma rapidez y escóndanse"* (Mateo 24:16-18). Vienen los días más negros que jamás se han visto y los creyentes de Jesucristo son los que van a recibir la persecución más grande. Los que queden y se quieran salvar, van a saber lo que es perder la vida y ser martirizados por causa de la Palabra de Dios. Sin embargo, los que se fueron en el Rapto estarán descansando a salvo en el reino del Padre en el cielo. ¡Aleluya!

EPILOGO

Conforme a las señales de la próxima Venida de Cristo que hemos presentado a través de este libro, es evidente que está MUY CERCA el tiempo cuando Cristo vendrá a buscar Su pueblo. En cada uno de los capítulos de este libro hemos aprendido sobre los juicios de Dios que vienen y las diferentes señales proféticas en su relación con la historia y eventos de actualidad. Sin embargo, lo más importante es que cada una de estas señales nos indican que estamos llamados a prepararnos para ser la Iglesia de Jesucristo y poder ser dignos de escapar y estar en pie delante del Hijo del Hombre (Lucas 21:36).

Amado hermano, si quiere estar preparado, tiene que consagrarse plenamente a Cristo y apartarse del mundo o se quedará en la tierra al igual que los pecadores. La total consagración en el creyente tiene que ser algo firme y sin interrupción, pues nada inmundo entrará en el reino de los cielos. Afírmese y sea lleno del Espíritu Santo para que pueda ser levantado por el Señor. Es necesario dar testimonio de Cristo a otros y ganar almas para Su reino (Hechos 1:8). Pero, no cese de alentarles y presentarles a Cristo, antes de que sea tarde, para que ellos también sean salvos y encuentren a Jesús. Busque a Dios con toda su alma y todo su espíritu, que el tiempo se acaba y CRISTO VIENE PRONTO.

Todo el que lea entienda que es más tarde de lo que muchos creen. Todo nos grita que Cristo viene y los días de la Gran Tribulación se acercan. Ya casi han llegado, pues todas las señales que el Señor dejó para este tiempo final se han cumplido. Pronto sonará la trompeta y El nos levantará. Es por ello, amado lector, que vamos a sacar unos minutos en este momento, para que usted hable con Jesús. Por lo tanto, háblele al Señor conforme a lo que hemos expuesto en este libro. Acérquese confiado ante el trono de Su gracia y dígale al Señor cuál es su actitud y su decisión.

Si interiormente ha retrocedido en el camino del Señor, prometa a Dios con sinceridad, consagrarse a El de todo corazón. Si está tibio, prometa calentarse. Está enredado en las cosas del mundo, prometa apartarse de esa "basura" y reorganice su vida dándole más tiempo a las cosas de Dios para no quedarse aquí en los días trágicos que viene. Si lo hace, el fuego del Espíritu Santo descenderá nuevamente sobre su vida y estará preparado para el próximo retorno del Señor.

"HE AQUI YO VENGO...PRONTO"

Amigo, ¡si escucha HOY Su voz, no endurezca su corazón! JESUS VIENE y usted tiene un alma preciosa que salvar. ¿Qué va a hacer? Si no conoce a Cristo como Su Salvador y El Señor de su vida, ¿qué necesita para ser un creyente? Jesús dijo:

"Yo soy el Camino, la Verdad, y la Vida. Nadie viene al Padre sino por mí".

Juan 14:6

La Biblia dice:

"Ciertamente no hay hombre justo en la tierra, que haga el bien y nunca peque".

Eclesiastés 7:20

"Por cuanto todos pecaron, y están destituidos de la gloria de Dios".

Romanos 3:23

*"Mas Dios muestra Su amor para con nosotros, en que
siendo aún pecadores, Cristo murió por nosotros".*

Romanos 5:28

*"Porque de tal manera amó Dios al mundo, que ha dado
a Su hijo unigénito, para que todo aquel que en El cree
no se pierda, más tenga vida eterna".*

Juan 3:16

Es decir, que para ser un creyente y obtener la vida eterna,
necesita recibir a Jesucristo en su vida. Abra su corazón.
Pídale que perdone sus pecados, y que sea El Señor de su
vida.

Ese es el primer paso de salvación, *arrepentirse.* Sentir
tristeza porque ha pecado contra un Dios bueno, y hacer una
decisión en su corazón de vivir para El apartado de la maldad.
Podemos recibir a Jesús y el perdón que El concede, con un
sencillo acto de fe. Todo lo que usted necesita hacer es decirle
a Dios de todo corazón esta oración:

"Amado Dios, ahora me doy cuenta de que soy un
pecador. Pero tu Palabra dice que si confesare con mis labios
que Jesucristo es el Señor, y creyere en mi corazón que Tú,
Oh Dios, le levantaste de los muertos, seré salvo. Por lo tanto,
acepto a Cristo, ahora mismo, como mi único Salvador. Te
acepto Jesús y no me avergüenzo de Ti. Perdona mis pecados.
Lávame en Tu sangre y escribe mi nombre en el libro de la
Vida. Te ruego que tomes dominio total sobre mí. Ayúdame
a permanecer firme en la Iglesia y en tus caminos. Lléname
de tu Espíritu Santo ahora mismo. Lléname, Señor. Te doy
gracias porque SOY SALVO ahora y TU SANGRE limpió
mis pecados. Amén".

Si usted hizo esta oración con toda sinceridad, se ha convertido en hijo o hija de Dios. *"Mas a todos los que le
recibieron, a los que creen en Su nombre, les dio potestad de
ser hechos hijos de Dios"* (Juan 1:12). Empiece a vivir para
Cristo, firme en una iglesia cristiana. Una que viva por la

Biblia. Una que crea que sólo Cristo salva, sana, viene y bautiza con Espíritu Santo y fuego.

Una vez firme en el camino de Cristo, debe alimentar su espíritu. Es importante que se alimente para que se mantenga vivo y crezca espiritualmente. Hay dos alimentos importantes que debe utilizar. El primero es LA PALABRA DE DIOS. Cristo dijo: *"Escudriñad las Escrituras; porque a vosotros os parece que en ellas tenéis la vida eterna"* (Juan 5:39). Saque tiempo diario para leer la Biblia. La Palabra que lee es como un pan del cielo que alimenta y fortalece su alma. Sustituya la lectura inútil de novelas y cómicas por la lectura de su Palabra y crecerá espiritualmente.

Hay oro alimento importante, y es LA ORACION. Todo creyente tiene que sacar tiempo diario para hablar con Dios y pedirle en el Nombre de Jesús conforme a sus necesidades y problemas. Afírmese en el camino del Señor y El le llenará del Espíritu Santo y estará preparado para Su venida. Multitudes se perderán, pero usted en Cristo Jesús puede ser salvo.

HASTA PRONTO

Anhelo con todo mi corazón, ver a todos los que hayan leído este libro reunidos en la fiesta más maravillosa que está a punto de celebrarse en el cielo. No es fiesta mundana. Son LAS BODAS DEL CORDERO. Todos los redimidos en Su sangre, nos sentaremos en la mesa de Dios, comeremos y beberemos allá y el Señor se ceñirá y se pondrá a servirnos. No se pierda esta maravilla por nada. Cristo viene pronto y se lleva a Su pueblo con El. Conviértase a El y viva por Su palabra... y sálvese. No espere más. No permita que otro tome su lugar. Mañana podría ser tarde.

Porque así le dice el Señor:

"He aquí Yo vengo pronto, y mi galardón conmigo, para recompensar a cada uno según sea su obra. Bienaventurados los que lavan sus ropas, para tener derecho al árbol de la vida, y para entrar por las

puertas en la ciudad. Mas los perros estarán fuera, y los hechiceros, los fornicarios, los homicidas, los idólatras, y todo aquel que ama y hace mentira".

Apocalipsis 22:12, 14-15

"y el Espíritu y la esposa dicen: Ven. Y el que oye diga: ven. Y el que tenga sed, venga; y el que quiera, tome del agua de la vida gratuitamente. Y... El que da testimonio de estas cosas dice: Ciertamente vengo en breve..."

Apocalipsis 22:17, 20

Amén.
¡Maranata!, no tardes más. Sí, ven, Señor Jesús.

RASGOS BIOGRAFICOS DEL AUTOR

José Joaquín Avila, mejor conocido como Yiye Avila, es hijo único y recibió una educación sólida de sus padres, quienes eran ejemplo de la admiración y el cariño de sus compueblanos. Joven luchador y destacado en todas las ejecutorias y metas que se proponía. Estudiante brillante de la Universidad Interamericana, establecida en al ciudad de San Germán, Puerto Rico, y conocida en aquel entonces, como el Instituto Politécnico. Obtuvo allí un Bachillerato en Ciencias Naturales, y completó su premédica con miras a continuar sus estudios en medicina, lo cual era su anhelo. No sospechaba, en aquel entonces, que Dios le tenía preparado un "don de sanidad divina", el cual llevaría salud a los cuerpos de miles, por medio de la oración de fe y del poder sanador que hay en Cristo Jesús.

Yiye Avila, contrajo matrimonio con la joven Carmen Delia Talavera, de cuya unión nacieron sus tres hijas: Noemí, quien es evangelista internacional, Doris, quien también sirve al Señor y Carmen Ilia, quien ahora mora con el Señor. Ellas obsequiaron a sus padres con nueve hermosos nietos.

Yiye Avila, fue un destacado educador por espacio de veintiún años en las materias de Química y Biología. Para esa época, los estudiantes luchaban para en sus programas de clase tener al profesor Avila como maestro, ya que poseía unas virtudes que le ganaban el cariño y la simpatía de cuantos le trataban. Dios lo había dotado desde entonces, aun sin ser convertido al evangelio, de una gracia que más adelante, en las manos del Señor, llevaría bendición a cuantos le conociesen.

Paralelamente a su profesión de educador, Yiye Avila, se destacaba como un prominente deportista. En este campo, también, fue un vencedor. Por años fue un destacado pelotero. Si bien cosechó muchos triunfos como pelotero, fue realmente en el campo de la fisicultura, donde culminó sus dotes deportistas, habiendo obtenido el título de Mr. Puerto Rico para el año 1952, y el título de Mr. Norteamérica en 1954, en su división.

Todo era triunfos para Yiye Avila en la plenitud de su juventud, hasta que de pronto apareció algo que cambió el curso de su vida. Dios tenía planes con este hombre, que por sus triunfos deportivos se convirtió en héroe de su tierra. Su secuela de éxitos tuvo un repentino "revés", y este "revés" reflejaría los planes y propósitos de Dios para convertirlo en un canal de bendición para miles. Dios lo necesitaba para un campo mucho más excelente. El campo del evangelismo profético.

Un día aquel joven atleta, vigoroso y campeón fisiculturista, fue a hacer prácticas de levantamiento de pesas, cuando de pronto notó que sus articulaciones se resistían y el dolor era insoportable. ¡Una terrible artritis reumática parecía el fin de todo! El diagnóstico de los médicos corroboró sus temores. Su enfermedad era de tipo crónico, y esto ponía fin a su carrera.

Pero un día mientras sintonizaba la televisión, un prominente predicador norteamericano predicaba el mensaje de Jesucristo. No pudo resistir escuchar aquel mensaje con el cual fue tocado. Fue a su cuarto y tirándose de rodillas rindió su vida a Cristo. El Cristo que ahora predica como Salvador y Sanador lo salvó y lo sanó allí mismo.

Fue lleno de gozo por las experiencias nuevas que comenzó a recibir. El Señor lo llenó con el Espíritu Santo y lo llamó con voz audible a predicar un mensaje profético de los últimos días. El hermano Yiye inició una vida profunda de oración, ayunos y vigilias. Por más de veintisiete años no ha cesado su vida de oración y ayunos constantes, llegando a hacer en una ocasión, cuarenta y un días de ayuno, encerrado día y noche en una pequeña habitación. A raíz de este ayuno, Dios le premió con un ministerio poderoso de Salvación y Sanidad Divina.

Aquel destacado deportista fue detenido por Dios para convertirse en un evangelista de dedicación tal, que no ha estimado esfuerzos, ni sacrificios para ir a los lugares más remotos donde Dios le ha llevado a través de muchos países. Millares y millares de almas han rendido sus vidas a Cristo y milagros han sido operados luego de la oración de fe. Millares continúan siendo bendecidos a través de las cruzadas evangelísticas que este siervo de Dios lleva por todos los lugares cada año. Su mensaje poderoso y ungido, impacta los corazones, rindiéndolos a los pies de Cristo. En cada victoria, este hombre de Dios ha dado la gloria al único que la merece y la tiene, ¡Jesucristo, el Señor!

EDITORIAL **UNILIT**
se complace en presentar más títulos en
la pluma de Yiye Avila

Dones del Espíritu *
¿Quienes se irán?
El valle de los huesos secos
El Cristo de los milagros
Sanidad divina
El profeta Elías
Sin santidad nadie le verá
El ayuno del Señor
La ciencia de la oración
El anticristo
Señales de Su venida *
El sacrificio de la cruz
Perfecto amor
¿Pasará la Iglesia por la Gran Tribulación?
El cuerpo glorificado

Pídalos en su librería favorita

* Publicados